EL SWITCH DEL LÍDER

MARTÍN ALCANDRÉ

EL SWITCH DEL LÍDER

El modelo que empodera, motiva y compromete a tus equipos.

El Switch del líder
Primera edición, septiembre 2022

©Martín Alcandré, 2022
https://www.martinalcandre.com
hola@martinalcandre.com

LinkedIn: www.linkedin.com/in/malcandre
YouTube:
https://www.youtube.com/channel/UCXN1-uyTxLK6sedG0JN-VakQ
Facebook: https://www.facebook.com/malcandre

Escrito por: Martín Alcandré
Edición y diagramación: David Manangón
Diseño de Portada: Marco Pérez
Publicado por: Marcel Verand

El presente texto es de única responsabilidad del autor. Queda prohibida su total o parcial reproducción por cualquier medio de impresión o digital en forma idéntica, extractada o modificada, en castellano o en cualquier idioma, sin autorización expresa del autor.

DEDICATORIA

A mi adorada esposa, por estos treinta años compartiendo desafíos.

A mis hijos, Jean Pierre y Jean Paul, por su apoyo incondicional.

A mis padres, por darme la vida.

PRÓLOGO

Históricamente, los movimientos de grupos humanos siempre han sido inspirados por alguien que, por condiciones muy especiales, se ubica en un lugar de referencia e influencia para los demás. A ese rol, asumido y sostenido, lo conocemos como liderazgo y quien lo ejerce es el líder.

Tan relevante y comprometedor resulta ser líder, que existen múltiples estudios, propuestas, libros, programas, desarrollo de modelos, competencias, prácticas y distinciones, al respecto. Sin embargo, en estos tiempos tan convulsionados, somos testigos de cómo se ha complejizado cada vez más el ejercer liderazgo.

Los *coaches*, al entrar en contacto con líderes organizacionales, educacionales, políticos, religiosos y familiares, nos vamos encontrando con crisis de sentido, autoridad, coherencia, poder, transparencia, cegueras comunicacionales, de compromiso y relacionales, por nombrar algunas.

Existe la necesidad de traer cercanía, frescura, claridad y aplicabilidad a cualquier aporte en relación al liderazgo. Es ahí donde aparece Martín, poseedor de una cualidad particular que une la simpleza con la profundidad, mientras nos regala su mirada plena con vasta experiencia.

El *Switch del Líder* es un impulso para romper con la inercia de las zonas confortables que te proveen las fórmulas conocidas. Te trae «al momento» de cada circunstancia para activarte y convertirte en un protagonista consciente en la vida organizacional, en la familia y en la comunidad. Como dice Martín, «cada interacción es un momento potencial para vivirlo desde el modelo del *Switch del Líder*».

Si te atreves a desafiarte y recorrer este modelo, que es fruto de años de experiencia del autor, podrás iniciar una ruta dando relevancia central al aprender a aprender. Luego, pasarás orgánicamente por seis etapas que contienen experiencias transformadoras y que construirán poder personal en ti. Tendrás disponible ese poder ganado para llevar a tu equipo hacia el éxito, con la peculiaridad de que, tú junto a tu equipo podrán definir en común acuerdo «qué es éxito».

Si realizas tu lectura comprometidamente, es imposible no aprender. A mí me pasó al aplicar el modelo a una situación que he estado viviendo con el equipo de un programa de *coaching corporal* que dirijo. Muchas de las herramientas, distinciones, preguntas y ejercicios propuestos me abrieron luces que ya estoy aplicando.

Para mí, no solo es importante el contenido al leer un libro, considero valioso detectar desde qué lugar el autor lo escribió. En este caso, me tocaron en profundidad algunos elementos que logro distinguir de Martín y que tiñen la escritura con matices de humanidad. Estoy hablando, en primer lugar, del coraje de poner como ejemplo su propia vida, incluidas las experiencias de fracaso y éxito, siempre planteadas desde un balance preciso, sin señales de victimización o arrogancia; más bien, es el relato de quien logra integrar y aprender de las heridas de la vida.

Por otro lado, está la generosidad de dar todo lo que se ha desarrollado como conocimiento, luego del camino recorrido en lo laboral y familiar. Sobre todo, en un tiempo en el que todas las personas defienden con codicia lo que dicen que es propio.

Valoro, además, la honestidad y la coherencia. El libro es una muestra de cómo «Martín es». No logro percibir intenciones ocultas, ni la necesidad de pretender sostener una imagen superior. Por el contrario, el conocimiento llega de manera muy directa, clara, concreta y lista para ser aplicada.

A pesar de haber trabajado desde los 22 años, es destacable también la humildad de convertirse en aprendiz y estar en constante investigación sobre los temas que le importan, formándose en programas que amplían el observador profesional que es.

El *Switch del líder* es un texto de gran utilidad reflexiva y práctica sobre el ejercicio del liderazgo. Estás en buenas y nobles manos al leer a Martín Alcandré.

Cualquiera que sea tu trabajo, requieres explorar el conocimiento del arte de liderar y aquí, no solo conocerás más, sino que también lo podrás aplicar en tu vida laboral o familiar.

Rodrigo Roco Pacheco
Coach Ontológico

QUÉ ME MOTIVÓ A ESCRIBIR ESTE LIBRO

Todos tenemos talentos para realizarnos como personas, eso es innegable. Algunos, descubren cómo aprovecharlos añadiendo conocimiento, disciplina y una cuota de sacrificio a su vida. Otros, simplemente se quedan paralizados cuando la oportunidad anuncia la hora del cambio. Existen hitos que alteran el rumbo de nuestra vida, que nos dan señales claras de que nada volverá a ser como antes. Debemos ser conscientes de que los hechos no se pueden cambiar, pero si la manera de interpretarlos. De esta idea surge la posibilidad de escribir mi primer libro.

He trabajado cerca de veinte años en organizaciones, ejerciendo roles y cargos en distintos niveles. Además, llevo, a la fecha, poco más de quince años contribuyendo con organizaciones desde el rol de consultor. Después de tantos años desempeñándome en el área, resultaba inevitable llegar a la conclusión: ¿por qué esperar más tiempo para compartir mis experiencias en un libro? Sabía que, para lograr este propósito, sería insuficiente con limitarme a replicar los conceptos teóricos de liderazgo sacados de programas, libros e Internet.

Después de todo, mi experiencia me ha otorgado conocimientos inéditos e invaluables. ¿Acaso no es una hermosa manera de trascender?

Asumí este desafío, con el compromiso de convertir cada una de mis experiencias en motivación y esperanza para otros. Sabía que para lograrlo sería necesario mostrarme vulnerable y hacerme cargo del sabor que deja tal decisión. Las historias que vas a encontrar en este libro están basadas en mis vivencias en el mundo organizacional y en los aprendizajes que obtuve durante miles de horas de conversaciones con líderes de diversos ramos. Para escribir cada capítulo, he tenido que respirar profundo e imaginar el beneficio que obtendría cada persona al leerlo, más allá del dolor que implicaba revivir cada episodio. Elegí escribir de manera sencilla, honesta y práctica, quizá sin mucha profundidad en el aspecto teórico, pero con autenticidad, a riesgo incluso de resultar poco riguroso para quienes creen que tienen mayor conocimiento y autoridad en la materia que yo.

Tenía veintidós años cuando ingresé al mundo organizacional. Para ese entonces, llevaba a cuestas en mi vida, las etapas de mi adolescencia marcada por la separación de mis padres y la búsqueda de afecto y pertenencia, algo que ignoraba en ese entonces. El deporte se convirtió en mi compañero fiel, mi cómplice, el que camuflaba mis tristezas y, a su vez, me daba la oportunidad de mostrar mis talentos, quizá con la esperanza de ser reconocido. Crecí bajo el ejemplo de mi padre, de él aprendí sobre liderazgo, paradójicamente, sin haber mencionado jamás ese concepto en nuestras conversaciones. Tengo muy presente el respeto y buen trato que mostraba hacia las personas que lideraba, eso me dio la pauta para lo que vendría más adelante.

Cuando empecé a trabajar, esperaba con algo de ingenuidad que estos ejemplos fueran suficientes para relacionarme con las personas, pero no sucedió así. En la primera empresa donde trabajé, me di cuenta de que los departamentos parecían trincheras, en la que cada quien se refugiaba a conveniencia. Tenía la ilusión de que mi jefe me motivaría para lograr los resultados, que reconocería mis esfuerzos como lo hacía mi padre, que podía hablar con honestidad, buscando el bien común. Nada de eso ocurrió, se trataba de una ilusión. Los jefes preferían tener aliados en lugar de colaboradores, los errores se pagaban caro, era la forma rápida de sentar precedente para tener más poder. El miedo funcionaba mejor para asegurar la estrategia, mientras que la creatividad no era una opción viable para contribuir al cambio.

De esta manera es como fui transitando por diversas organizaciones, aprendiendo a cuidarme, con la premisa de ser invulnerable para evitar el sufrimiento. Poco a poco fui entendiendo la relevancia que tenía el liderazgo en la vida de las personas. El objetivo no era conseguir adeptos, ni seguidores condicionados, por el contrario, se trataba de evocar en las personas una perla valiosa llamada, compromiso. En mi trayectoria como líder, me esforzaba por tratar bien a los integrantes de mi equipo dentro de una empresa, cuidaba de *llevar la fiesta en paz* con otras áreas, pero sentía que no era suficiente. Necesitaba aprender nuevos conceptos, tener nuevas herramientas. Lamentablemente, los Gerentes no valoraban la capacitación ni la formación del personal, pensaban que era un gasto inútil que no sumaba al objetivo. Para entender cuál era mi misión, tuve que aprender a manejar las frustraciones y aceptar las huellas que me dejaban, tenía claro que la vida no se resumía en eso, sino que era una señal de que necesitaba dar el siguiente paso.

Ya como consultor, tenía una visión distinta de la dinámica organizacional y el rol de líder en ella. Había reunido muchas experiencias importantes como, por ejemplo, conocer a personas atrapadas en sus creencias y etiquetadas por sus comportamientos, que simplemente se habían comprado el cuento de que *así debían trabajar.* Empecé a entender que todos podíamos ser líderes, que las oportunidades estaban intactas, no importaba la edad, ni las circunstancias, era cuestión de aprender, aplicar, reflexionar y actuar. Les di mayor importancia a los maestros que iban apareciendo en mi camino; y no solo hablo de los gurús que conocí, sino de los individuos que me hicieron más fuerte con sus actitudes inconscientes. Llegué a entender y convencerme de que las personas *no son,* sino que *están siendo* de una forma y luego pueden cambiar si lo desean.

Basado en mi transformación personal, en los nuevos paradigmas y los cambios que evidencié en muchos líderes, entendí con mayor claridad que mi contribución sería: *Ayudar a los líderes a empoderarse, a confiar en sus talentos, para motivar a sus equipos de trabajo a comprometerse incondicionalmente.* Además, presentaré todos aquellos aprendizajes compartidos de manera que se conviertan en las semillas que sirvan para lograr una vida familiar plena, como un plus.

Finalmente, me prometí que encontraría la manera de corresponder a las miradas de desconcierto, escepticismo y desesperanza que vi en muchos líderes durante mis capacitaciones y sesiones de *coaching.* Estoy seguro de que resonarás con cada pasaje de mis historias, pero lo más importante no queda allí, sino que te dejaré las herramientas que aprendí a utilizar para resolver lo que en ese entonces fueron mis *problemas* y hoy son mis valiosos *aprendizajes.* Este libro lo escribí pensando en los líderes, no en los cargos. Tendrás la posibilidad de reconocerte como una persona poderosa, capaz de tomar acciones e inspirar a otros que esperan seguir tus huellas, aun cuando no sepas exactamente cómo será la ruta hacia ese futuro que declaraste compartir con ellos.

INTRODUCCIÓN

La primera vez que estuve frente al público para hablar sobre liderazgo, sentía que se me nublaba la vista, me temblaba el cuerpo y mi voz aparecía entrecortada. Tenía la sensación de que cada persona que me miraba lo notaba y con ello, mi promisorio futuro como capacitador estaba en juego. Felizmente, con mi primer libro, esa sensación no es la misma. Esta vez lo hago conectado con la alegría y el entusiasmo de compartir lo que he aprendido como líder y con los líderes que he acompañado. Hablar de liderazgo es una gran responsabilidad, porque no se trata de entregar recetas para sanar dolores, ni herramientas que sirvan para reparar cualquier tipo de problema. Te invito a explorarlo desde la curiosidad y la apertura, con el fin de aprovechar mejor cada uno de los capítulos.

He desarrollado un modelo de liderazgo que consta de siete habilidades esenciales. Está dirigido a personas que gestionan equipos de trabajo en el ámbito laboral, así como la responsabilidad que asumen para liderar dentro de su familia. Le di el nombre de *Switch del líder* por las actitudes conscientes e inconscientes que evidencié en los jefes, en las empresas y en los ejecutivos que acompañé como consultor durante todos estos años. Para complementar el modelo, tomé en cuenta las situaciones que vivimos a diario, cuando nos toca responder con el *Switch* en modo automático, es decir, con lo que nos provoca hacer y en otras ocasiones, bajo circunstancias similares, con el *Switch* en modo manual, actuando con mayor consciencia emocional. Todos aspiramos a ser líderes, algunos lo logran y otros continúan en su búsqueda. El *Switch del Líder* te permitirá incorporar nuevas formas de Ser y Hacer para obtener mayor efectividad en tus resultados.

¿Cómo organicé este libro?

En cada capítulo encontrarás una historia que servirá para conectarte con el tema a tratar, además tendrás a tu disposición conceptos y herramientas que te serán de gran utilidad para tomar decisiones. El valor que aportan no se limita únicamente al contexto profesional, sino que podrás aplicarlo a tu vida personal.

Valora tu Aprendizaje, esta es la primera habilidad que presento en el capítulo 1, y hace referencia a la necesidad que tenemos las personas de aprender para lograr nuestros objetivos. Describe la ruta que debe transitar el líder para agregar mayor efectividad a sus decisiones y muestra los roles que van surgiendo durante el ciclo natural del aprendizaje. La historia que presento habla de mi experiencia durante mi primera formación como *coach* y las dificultades que tuve que pasar para lograr la meta de certificarme. Estoy seguro de que te identificarás con ella.

En el capítulo 2, *Desafía tu Observador,* resalto la importancia que implica reconocer que somos seres interpretativos y que solo podemos acceder a la realidad a través de nuestros sentidos. Entender esta distinción te permitirá accionar con mayor claridad, dejando de lado la certeza de creer que las cosas son como las vemos. Incorporar este concepto marcará una diferencia notable en la calidad de tus relaciones, si eres líder o estás en camino de serlo. Para darle una aplicación práctica, he incluido una historia que ayudará a entender cómo los modelos mentales influyen en los comportamientos y las posibilidades que te abren o cierran como líder.

Comunica con Poder, es otra importante habilidad que presento en el capítulo 4. En ella doy a conocer conceptos clave dentro de las conversaciones que realizan los líderes. Estos conceptos y herramientas que tendrás a tu disposición cambiarán la manera de comunicarte con las personas en cualquier contexto e idioma. La historia que muestro habla de mi paso por una empresa familiar y las dificultades que tuve por ignorar la existencia de estas distinciones del lenguaje. Lo interesante es que una vez que pongas en práctica estos conceptos, podrás comunicarte con mayor proactividad y sabrás orientar tus conversaciones hacia los resultados.

En el capítulo 5, *Obtén el Compromiso*, abordo una de las habilidades más relevantes para liderar equipos de trabajo. Existen muchos líderes que se ven impotentes ante la falta de compromiso de su gente. Los resultados se pueden obtener de diversas maneras, algunos jefes lo consiguen dando órdenes, ignorando el impacto que ello tiene sobre el personal. Aquí entenderás cómo llevar, paso a paso, a las personas de tu equipo hacia el compromiso con los objetivos. La historia que presento refiere a mi primer aprendizaje como consultor y el costo que pagué por no tener claro el valor del compromiso.

El capítulo 6, *Define tu Estilo de Liderazgo*, me da la oportunidad de presentar algunos modelos de expertos en el tema, que he incorporado en mi trabajo y que suelo compartir en mis programas con ejecutivos. Tendré una entrevista con un invitado que proviene del mundo organizacional. Anderson Vásquez, el CEO de la empresa OLVA Courier, que es un caso de éxito en el Perú. Él nos contará cómo hizo realidad su deseo de emprender y lograr su sueño, en una época difícil, debido a las condiciones de inseguridad por las que atravesaba el país.

Lleva tu Equipo al Éxito, es la séptima habilidad que propone el modelo. Es un tema muy importante que ayudará a potenciar tu liderazgo y a entender mejor cómo funciona la dinámica de los equipos de trabajo. Encontrarás herramientas prácticas que podrás aplicar rápidamente. En este capítulo tengo un invitado especial, se trata de Oscar Ibáñez, un deportista ejemplar, muy destacado en el fútbol nacional e internacional. Él nos habla de su trayectoria profesional, de los títulos internacionales que consiguió y de su etapa actual como parte del comando técnico de la selección peruana de fútbol, que compitió por un cupo para el Mundial de la FIFA, Qatar 2022.

Finalmente, en el capítulo 8, *Activa el Switch*, te permitirá integrar todas estas habilidades a través del modelo *Switch del Líder*. En este, detallo la manera en que podrás emplearlo y te doy las pautas para su aplicación en el trabajo y en al ámbito familiar.

¿Cómo aprovechar mejor este libro?

Ya debes tener una mejor idea de lo que podrás obtener en este libro. Sin embargo, quiero resaltar que todo lo que he escrito, ha sido hecho con el mayor respeto y reconocimiento hacia las personas que han sido parte de estas historias, y que he preferido cambiar sus nombres. Te invito a que me acompañes a transitar cada etapa del modelo y a compartir conmigo las emociones que viví y los valiosos aprendizajes que obtuve. Si esperas encontrar solo conceptos, no dudo que los podrás hallar también en otras fuentes. Si deseas leer solamente historias, quizá sientas que no sean suficientes para entender cada una de estas habilidades. Por lo tanto, te sugiero que leas cada capítulo de manera integral. Es momento de empezar esta experiencia de aprendizaje y llevarte lo que sea importante para tu vida. Si lo logras harás que mi propósito de trascendencia se cumpla. ¡Bienvenido!

Te invito entonces a vivir conmigo el *valor del aprendizaje,* y a conocer uno de los momentos más difíciles que viví en mis inicios como *coach*, cuando me tocó enfrentar mis miedos y entender el poder de la vulnerabilidad y la autenticidad en el ser humano.

CONTENIDO

Dedicatoria	7
Prólogo	9
Qué me motivó a escribir este libro	13
Introducción	17
¿Cómo organicé este libro?	18
¿Cómo aprovechar mejor este libro?	20
Capítulo 1: VALORA EL APRENDIZAJE	27
El llamado del aprendizaje	30
El proceso de aprendizaje	31
¿Cuál es el camino del aprendizaje?	34
Los roles en el aprendizaje	35
¿Qué hago con todo esto?	37
El camino hacia el aprendizaje	37
El Caso de Alejandro	39
En este capítulo reflexionamos sobre	42
Capítulo 2: DESAFÍA A TU OBSERVADOR	43
¿Qué es lo que más admiras de un líder?	43

Primera señal de cambio	47
La decisión que cambió mi vida	48
Problemas	50
Explicaciones	51
Vemos las cosas como somos	52
El modelo OSAR	52
Reflexiona	54
Modelos mentales	54
¿Qué hago con todo esto?	55
En este capítulo reflexionamos sobre	57
Capítulo 3: GESTIONA TUS EMOCIONES	**59**
¿Cómo la pasas afuera?	63
¿Qué son las emociones?	65
La inteligencia en las emociones	67
¿Qué hago con todo esto?	72
En este capítulo reflexionamos sobre:	73
Capítulo 4: COMUNICA CON PODER	**75**
De la descripción a la acción	79
El modelo de comunicación ontológico	86
Ejercicio	88
En este capítulo reflexionamos sobre	89
Capítulo 5: OBTÉN EL COMPROMISO	**91**
La propuesta	92
Liderazgo y compromiso	94
¿Por qué fallan los líderes?	95
¿Cómo comprometer y motivar a los equipos?	96
Las conversaciones para la acción	97
¿Cómo lograr el compromiso de las personas?	98

En este capítulo reflexionamos sobre:	103
Capítulo 6: DEFINE TU ESTILO DE LIDERAZGO	105
¿De dónde proviene el estilo de liderazgo?	112
La acción requiere Consciencia	117
En este capítulo reflexionamos sobre:	118
Capítulo 7: LLEVA A TU EQUIPO AL ÉXITO	121
Ser parte de un equipo exitoso	124
¿Cómo convertir a un grupo de personas en un equipo exitoso?	131
Las herramientas clave para trabajar en equipo	133
¿Cómo asegurar que el equipo funcione?	137
En este capítulo reflexionamos sobre:	142
Capítulo 8: ACTIVA EL *SWITCH*	***143***
El modelo Switch del Líder	144
El Switch del Líder en el trabajo	147
Quiénes pueden activar el *Switch*	***149***
El *Switch* del Líder en casa	150
¿Cómo activarlo?	151
ESTIMADO LECTOR	155
AGRADECIMIENTOS	157
ACERCA DEL AUTOR	161
SERVICIOS PROFESIONALES	163
Servicios	163
Talleres	163
CONFERENCIAS	167

VALORA EL APRENDIZAJE   1

«*El gran objetivo del aprendizaje no es el conocimiento sino la acción*».

-*Herbert Spencer*

¿Tienes idea de cuáles son los costos que paga una empresa cuando tiene en sus filas a un líder que cree que domina ciertos conocimientos, cuando en realidad no es así?

Estoy seguro de que si los directivos de las empresas se dieran el tiempo para revisar las cifras del impacto que genera un líder aparentemente capaz, ¡se llevarían más de una sorpresa! Esto solo es posible evidenciarlo a través de acciones. La repercusión se puede medir mediante los resultados del clima laboral y en las cuentas contables al final del periodo. Cada decisión que se toma tiene consecuencias y, debido a eso, me pregunto: «¿Qué tan conscientes son los directivos de una empresa ante la necesidad de reforzar el aprendizaje de sus líderes?» Por ejemplo, cuando escucho: «Que se capaciten ellos, porque yo estoy muy ocupado con los asuntos importantes de la empresa». Me hace pensar que el aprendizaje sigue siendo poco valorado y que, invertir en el desarrollo de nuevas habilidades, no va en línea con la frase, *las personas son el capital más valioso de la empresa*. Cambiar los comportamientos implica conocimiento, tiempo y voluntad.

Para que consigas mejores resultados en tu aprendizaje y te hagas consciente del mundo de posibilidades al que puedes acceder como líder, debes reconocer que necesitas hacer algo distinto para enfrentar los desafíos que hoy tocan a tu puerta. Por ello, quiero referirme al aprendizaje como una capacidad de acción, más que hablar del concepto tradicional, que solo valora la acumulación de conocimiento. Me estoy refiriendo al *SABER HACER*.

¿Qué tan satisfecho te encuentras con los resultados alcanzados en tu carrera profesional? ¿Estás en el lugar que deseabas dentro de tu empresa? A partir de tus respuestas, entenderás por qué es necesario desarrollar la competencia de *aprender a aprender*, que es uno de los peldaños que tendrás que subir para empoderarte como líder.

Quiero compartir contigo mis mejores experiencias, recogidas en innumerables intervenciones, conversando con ejecutivos, trabajando como líder en empresas y luego como consultor y *coach*. Soy de las personas que valora más los conocimientos prácticos que la teoría, porque nacen de la experiencia, de las cicatrices y es, desde ese punto, que escribo este capítulo.

Durante muchos años caminé sin brújula, sin señales claras del futuro que deseaba para mí. Es verdad que el camino no tenía la culpa de mi falta de visión y de mi inseguridad. Recuerdo que, en mi paso por la universidad, estudiando la carrera de Economía, recibí conceptos clave, como curvas de oferta y demanda o modelos macroeconómicos de Keynes, todo muy bien. Lamentablemente, no les di el uso que merecían. Lo peor de todo es que no tenía un propósito definido, ocasionando que me enfocara más en otros aspectos más atractivos para mí en ese momento, como el deporte o la música. Mi temor a las consecuencias por estudiar una carrera que no elegí con detenimiento y no saber luego qué hacer con ella, me frenaba en la búsqueda de mi propósito, no lo puedo negar.

Esta falta de propósito en mi vida profesional me desmotivaba y estresaba. Como era previsible, fueron varios años tratando de encontrar mi camino, en el que la *inercia* casi siempre terminaba llevándome a un futuro no deseado. Gracias al deporte y mi habilidad en el baloncesto, conseguí mi primer empleo como cajero, estaba feliz porque tenía mi oficina, un horario de trabajo y un jefe. Poco a poco la alegría fue dando paso al aburrimiento. Una vez más sentía que estaba en el camino equivocado. Así anduve por diferentes trabajos, siguiendo el mismo patrón: cumpliendo las tareas, ejerciendo roles de supervisión, jefatura y gerencia. No niego que aprendía; sin embargo, no veía futuro para mí ni para mi familia.

A los 42 años de edad decidí emprender. Muchos me dijeron que estaba loco por dejar el sueldo fijo que recibía cada mes y poner en riesgo a mi familia para echar a andar mi proyecto dedicado a potenciar el liderazgo de las personas. En este largo camino encontré muchas huellas marcadas por otros que, al igual que yo, prefirieron seguir buscando nuevas opciones profesionales. Hoy puedo decir que, **El Aprendizaje**, ha sido el salvavidas que me dio la oportunidad de reconectarme, que me dio el coraje de salir de mi zona cómoda, para darle verdadero sentido a mi vida.

El llamado del aprendizaje

A inicios de 2011, tomé la decisión de ingresar a un programa internacional de certificación de *coaching ontológico*, un término poco difundido en ese entonces. Conversé con mi esposa (ya tenía claro que las decisiones de ese tipo se deben discutir previamente con tu pareja). La verdad es que no tenía una idea clara sobre lo que iba a pasar en esa formación. Lo que sí escuchaba era esa voz interior que me decía, «ahora es el momento», algunos dicen que es como *un llamado*. Yo había perdido a mi madre en esos primeros días del año y pasaba por momentos difíciles; sin embargo, ya estaba decidido y ahora tenía un motivo trascendente para lograrlo.

En 2007, había iniciado mi nueva etapa como emprendedor, después de haber trabajado para empresas por poco más de 20 años. Empecé con mucha ilusión y a la vez con ciertos temores. Empezaba a ver señales de inestabilidad en mi flujo de ingresos, como suele pasar en un nuevo proyecto personal. Realicé algunos estudios fuera del país, para aprender a facilitar dinámicas de grupo y algunas otras técnicas de capacitación que me ayudarían a lograr mi propósito. Yo creía que con eso ya sería suficiente para convertirme en coach, así que me matriculé en el *Programa Internacional de Coaching* en una reconocida escuela chilena.

El programa se iba a ejecutar en dos sedes, Bogotá y Lima. Así que viajé en el mes de marzo a Colombia, con mucha ilusión de crecer como persona y como profesional. Mi aprendizaje comenzó el 23 de marzo de 2011, yo me sentía confiado porque pensaba que llegaba mejor preparado que otros. Recuerdo que acudí muy temprano al hotel del evento, ya empezaba a sentir nervios por conocer a nuevas personas. Lo curioso era que cada uno mostraba sus credenciales, estudios de postgrado, entregando tarjetas personales que resaltaban el cargo que desempeñaban, más que su nombre. El hecho era que me encontraba en medio de 250 participantes de diferentes países de Latinoamérica, cada quien, cargando con sus sueños y miedos, conviviendo en un mismo espacio, donde el ego toma protagonismo para cuidar nuestra identidad.

Las puertas de la sala se abrieron. Cuando ingresamos, escuchamos música y caminamos junto a las personas del staff de la escuela, quienes bailaban y sonreían en señal de bienvenida. Ya estaba dentro, mi corazón latía a mil, una señal inequívoca de que no tenía el control. Pero ya estaba ahí, ¡no había marcha atrás!

El proceso de aprendizaje

El aprendizaje se genera a partir de una necesidad de cambiar un resultado que juzgamos que es insatisfactorio. Se evidencia cuando uno es consciente de que hay algo que desea que ocurra y no está sucediendo. Peter Senge[1] refiere que, la brecha que se genera entre la visión que tenemos y la realidad, es también una fuente de energía y a eso le llama *tensión creativa*. A pesar de que la palabra *tensión* se pueda asociar al miedo o ansiedad, la *tensión creativa* es el punto de partida para empezar a hacerse cargo de la brecha que impide lograr un objetivo propuesto. Senge señala que la gente llega a creer que el proceso creativo consiste en sufrir un estado de ansiedad. Pero, es importante advertir que las emociones *negativas* que pueden surgir cuando hay *tensión creativa*, no constituyen la *tensión creativa* en sí misma, sino que la denominamos *tensión emocional*.

---

1   La quinta disciplina: el arte de la práctica de la organización abierta al aprendizaje - 2a ed. 3a reimp. Buenos Aires: Granica, 2005

A inicios de la formación de *coaching* empecé a darme cuenta de que la mayor parte del tiempo vivía con el **Switch** en *piloto automático*. Solía estar muy pendiente del comportamiento de otras personas, juzgaba con facilidad, trataba de controlar sus conductas y eso terminaba desgastándome. Poco a poco fui descubriendo que, para ayudar a otros, primero tenía que empezar por transformarme a mí. Comencé a darme cuenta de que actuaba de manera complaciente para quedar bien con los *otros*. Quería que todos estuvieran felices, desconociendo que cada quien habita en su propia emoción y actúa con base en ella. Conforme iba aprendiendo nuevos conceptos, mis sospechas sobre el impacto de mi comportamiento se hizo más evidente. Reconocía que toda acción personal tiene un impacto. Por ejemplo, la arrogancia de creer que yo sabía hacer *coaching*, me empezó a pasar factura, entonces mi preocupación fue en aumento porque, a medida que transcurría el programa, me alejaba más del objetivo.

Dentro del programa se habían formado grupos de estudio. Me asignaron a uno con quienes me reunía para hacer las prácticas. Cuando conversábamos, antes de iniciar, comentaban: «Quién como tú, que ya has capacitado a empresas, para ti será más fácil ser *coach*». Yo solo atinaba a sonreír, y aunque debía sentirme feliz, por dentro sabía que estaba engañando a todos, incluyéndome a mí, por supuesto. Esto, que al inicio debió darme autoridad, empezó a jugar en mi contra porque, cada vez que me tocaba hacer una práctica de *coaching*, tenía mil voces en la cabeza haciendo ruido, sentía que todos me miraban, esperando que diera la *gran sesión*. Después de todo ese desgaste, regresaba a casa, y era inevitable que me preguntaran: «¿Cómo vas con el *coaching*?». Yo respondía, «¡muy bien!». Estaba atrapado en una burbuja que cada vez era más grande y presentía que en cualquier momento se iba a reventar.

Habían transcurrido seis meses, quedaban únicamente tres para finalizar el programa y tenía claro que, si todo continuaba de la misma forma, mi inversión se convertiría en un gasto y mis sueños en pesadilla. Era momento de tomar una decisión para librarme de ese agobio. Me cuestionaba, «¿cómo llegué a esta situación? ¿Qué puedo hacer para aprender a hacer *coaching*?».

Fue en uno de esos días que iba a asistir a otra sesión de prácticas, que tuve un momento de claridad para reflexionar sobre lo que quería para mí. Ya había conversado con mi supervisora, ella me dijo que el único modo de revertir esta situación era declarando mi ignorancia delante de todo mi grupo. Fue así que en la reunión de esa noche me armé de valor y declaré delante de todos: «Quiero decirles algo que me cuesta mucho. Durante todo este tiempo he venido sufriendo en silencio por quedarme callado y no decir lo que me estaba pasando. Quiero que sepan que me siento muy mal, porque a estas alturas del proceso **no sé** cómo hacer *coaching*, me siento perdido y les pido ayuda para empezar de nuevo, si es necesario. **Me comprometo a aprender** y, si tengo que empezar de nuevo, lo haré». Todos se quedaron sorprendidos, mirándome, se acercaron para abrazarme y darme su apoyo. En ese momento sentí que me quitaba un gran peso de encima, supe que se abrían nuevas posibilidades de aprendizaje para mí.

Lo que vino a continuación fue muy distinto. Esta declaración me permitió cambiar la manera de escuchar, me sentí libre de preguntar, de pedir ayuda. En mis prácticas de *coaching* podía fluir con naturalidad y lograba muy buenos resultados. Como dice ese dicho popular, *la práctica hace al maestro*. Gracias a ello, me pude certificar como *Coach Ontológico*. Recuerdo que antes de graduarme, mi supervisora me dijo: «te felicito por darte esta oportunidad de aprender, tomaste la decisión correcta. Tienes mucho potencial, lo único que falta es que te lo creas», haciendo referencia al *Síndrome del Impostor*[2], ese

---

2   Paulina Clance y Suzanne Imes.1978

fenómeno que alude a las creencias, cuando pensamos que los logros no tienen que ver con nuestra propia capacidad, sino que se deben a circunstancias o situaciones fortuitas. Fueron nueve meses de aprendizaje que cambiaron mi manera de relacionarme con las personas y que definitivamente cambiaron también mi manera de ver el mundo.

¿Cuál es el camino del aprendizaje?

Cada situación que enfrentamos nos da la oportunidad de aprender, de valorar el esfuerzo que implica levantarse de cada fracaso. La frustración que sentimos cuando no logramos ser exitosos, es una gran oportunidad para decidir transformarla en satisfacción, actuando responsablemente.

Existe una ruta de aprendizaje que Sandra Rozo[3] sintetiza de manera sencilla en 5 pasos:

1. Identifica la visión, aquello que deseas alcanzar.

2. Hazte consciente de la brecha que existe entre lo que deseas y lo que tienes ahora.

3. Declara tu incompetencia ante esa situación (lo que no sabes).

4. Reconoce que estás siendo un aprendiz (permítete cometer errores).

5. Busca ayuda con un *coach* o mentor (¿qué necesitas aprender, de quién, qué recursos te hacen falta?).

---

3 Aprender con consciencia, Sandra Rozo.- 1 Ed. - Medellín, Eiconex International Editorial. 2019

Los roles en el aprendizaje

Si transitas la ruta del aprendizaje, descubrirás que existen distintos roles que tendrás que asumir: *el ciego, el ignorante, el aprendiz y el experto*. Voy a describirlos brevemente a continuación:

El ciego

«Aquí estás para trabajar». «Los problemas personales los dejas en la puerta de entrada de la empresa». «Tengo que hacerlo todo yo, no sé para qué están ustedes aquí». ¿Te resultan familiares estas expresiones? El rol del *ciego*, también conocido como *el elefante en la cristalería*, según la escalera del aprendizaje de Fernando Flores[4], se caracteriza por combinar la falta de consciencia con la falta de competencia. Lo más triste es que, la persona que asume este rol, sufre y termina generando sufrimiento a los demás. Si volvemos a mi historia, cuando inicié la certificación, la mayor parte del tiempo me comportaba de manera inconsciente. Luego de seis meses pude darme cuenta de que mi actitud no me permitía aprender. Tampoco caía en cuenta de que mis acciones impactaban en mis compañeros. Quizá mi arrogancia, el querer mostrarme como alguien superior, mi falta de humildad, terminaban creando el personaje *ideal* para cada ocasión. Es cierto que estamos ciegos ante lo que no podemos nombrar; sin embargo, podemos sospechar que nuestras acciones tienen consecuencias.

El ignorante

Cuando el *ciego* descubre que no sabe, se convierte en *ignorante*. La ignorancia es poco aceptada, sobre todo en el contexto organizacional, donde se privilegia la respuesta correcta

---

[4] Gestión ontológica, Ivonne Hidalgo. Mil palabras, servicios editoriales, 2009

y oportuna. Sin embargo, podemos verla como el umbral del aprendizaje. Piensa en las primeras respuestas que diste cuando te preguntaron si sabías sobre algún tema que desconocías. Generalmente, todos empezamos diciendo: «No sé», luego, el siguiente paso depende de cada uno. ¿Cómo respondes cuando ignoras la respuesta?

El aprendiz

La persona que se declara *aprendiz*, asume la responsabilidad de hacerse más competente, se da permiso para equivocarse, pide la ayuda de un mentor y se toma el tiempo para realizar prácticas. Es alguien que prioriza más su competencia futura que su apariencia actual[5]. Volviendo al momento de la declaración que hice con mi grupo, hacerlo automáticamente me convirtió en *aprendiz*. Si recordamos la escena de la película *Karate Kid*, en la que Daniel LaRusso, después de haber estado a punto de echar a perder todo el entrenamiento del señor Miyagi, descubre los beneficios que le daba la técnica de Kung-fu y decide convertirse en un *aprendiz*.

El experto

En algún momento de nuestra vida hemos sentido la satisfacción por lograr un resultado sin mucho esfuerzo. Era lo que me pasaba cuando encestaba un triple cuando jugaba baloncesto, o cuando dictaba una sesión de capacitación sin que me temblaran las piernas. Para llegar a ser experto debes haber transitado previamente por la etapa de *aprendiz avanzado* (pide supervisión cuando lo requiere), *competente* (no rompe las reglas) y, *diestro* (le suma autonomía a las reglas y usa su intuición). Ser *experto* no garantiza que puedas enfrentar cualquier desafío, en algún momento puedes volver a ejercer el rol del *ciego*. Por ejemplo, cuando un jefe le dice a su equipo:

---

5   Ibid.

«ustedes no me van a decir cómo debo hacer las cosas, lo vengo haciendo desde hace 20 años y no voy a cambiar», en ese instante deja de hablar el *experto* y aparece el *ciego*.

¿Qué hago con todo esto?

Si bien, no existe una fórmula perfecta para aprender y cambiar los comportamientos, estoy seguro de que siguiendo la *ruta del aprendizaje* podrás hacer un diagnóstico de lo que necesitas aprender y luego transitar por cada uno de los roles que te he compartido. Sugiero que prestes atención a cada desafío al que te enfrentas, escucha cuál es el objetivo, identifica la brecha entre lo que deseas y lo que puedes hacer. Pide ayuda si es necesario, incorpora nuevos conocimientos, utiliza herramientas y luego, practica. Según un estudio de la Universidad de Londres (*University College London*) concluye que, para adquirir un hábito, se requiere entre 18 a 254 días, y que la mayoría de personas lo consiguen a los 66 días.[6]

Te invito a mirarte, a reconocer con humildad lo que sabes y lo que no sabes. Te invito también a declararte *aprendiz* las veces que sean necesarias, estoy seguro de que podrás enfrentar tu desafío con mayor motivación y menor estrés. Los ejercicios prácticos que encontrarás a continuación te ayudarán a aplicar estos conceptos, estoy seguro de que será el inicio de tu empoderamiento como líder.

El camino hacia el aprendizaje

Todos tenemos situaciones en las que terminamos juzgando inevitablemente los resultados. Tomando en cuenta esta si-

---

[6] https://neuropediatra.org/2015/09/20/rutina-habito-y-aprendizaje-solo-21-dias/

tuación y pensando en algún objetivo que te hayas propuesto, te invito a diseñar la ruta que necesitas transitar ahora para identificar el aprendizaje.

Responde las siguientes preguntas:

1. ¿Qué es aquello que deseas lograr en tu rol de líder?

_____

_____

_____

2. ¿Cuáles son los hechos que describen tu situación actual?

_____

_____

_____

_____

_____

3. ¿Qué crees que te falta lograr aún?

_____

_____

_____

4. ¿Qué es lo que no sabes ahora, y qué te impide lograrlo?

_____

5. ¿Qué necesitas aprender, de quién y qué recursos te hacen falta para lograrlo?

El Caso de Alejandro

Alejandro es uno de los líderes con más años en una empresa. Como otros, ha tenido una trayectoria destacada, gracias a su disciplina y rigurosidad, lo que le ha traído a la larga, resultados insatisfactorios a nivel personal con su equipo. En los últimos años, la gerencia ha observado que, en la evaluación de clima laboral, ha tenido una baja puntuación con relación a su estilo de liderazgo, lo que le ha causado preocupación.

En una reunión, Francisco, que es el jefe de Alejandro, le preguntó a qué se debía ese resultado. Alejandro dijo que no entendía lo sucedido, explicó que venía haciendo lo mismo que le había funcionado por años, que estaba cansado de repetir lo mismo a su gente y ver que ellos no cumplieran con las tareas que les encomendaba.

Señaló que los colaboradores más jóvenes *hacían lo que querían* e incluso los había sancionado. Reconocía que le faltaba aprender sobre estilos de liderazgo y algunas otras herramientas para tratar mejor a su gente. Sin embargo, insistía que el problema, eran ellos, no él.

Por otro lado, cuando les consultaron a algunos integrantes de su equipo, cómo era su relación con Alejandro, esto fue lo que dijeron:

«Nuestro jefe es una buena persona fuera del trabajo, pero cuando se trata de tareas es muy duro con el equipo. Nos dice: "no me interesa lo que pienses, las cosas funcionan así"». Ellos le habían sugerido hacer un grupo en WhatsApp para coordinar las tareas, pero Alejandro les respondió: «Nada de eso, las tareas se escriben en papeles». «Solo está contento cuando cumplimos con entregar los informes a la gerencia», concluyó su equipo de trabajo.

Después de haber leído el caso, te pido que te pongas en el rol del Jefe de Alejandro y pienses cómo podrías ayudarlo, aplicando el modelo de las *cuatro fases del aprendizaje* que analizamos en este capítulo:

1. ¿Cómo describirías el comportamiento de Alejandro y qué actitudes hablan de su *ceguera*?

_____

_____

_____

_____

_____

2. Si tú fueras su jefe, ¿cómo le harías ver la fase de la *ignorancia*?

_____

_____

_____

_____

_____

3. Reflexionando sobre la fase de *aprendizaje*: ¿qué acciones tomarías para generar aprendizajes?

_____

_____

_____

_____

_____

4. Siendo Alejandro ya un *experto*: ¿qué tendrías en cuenta para evitar que caiga en la *ceguera* nuevamente?

_____

_____

_____

_____

_____

En este capítulo reflexionamos sobre:

- La importancia del aprendizaje y las posibilidades que abre a futuro.
- La decisión de acudir al llamado del aprendizaje.
- La necesidad de entender el proceso del aprendizaje para enfrentar tus desafíos.
- Los roles que tomamos en cada etapa del proceso.

En el próximo capítulo veremos cómo podemos afrontar diversas situaciones desde nuestra forma particular de ver la realidad. En este largo camino hacia el empoderamiento, señalamos la importancia que tiene el aprendizaje. Ahora, es esencial que revisemos cómo influye nuestra manera de ser en cada una de las decisiones que tomamos y de qué manera podemos intervenir para ser más efectivos.

DESAFÍA A TU OBSERVADOR 2

«Tus creencias no están hechas de realidades, es tu realidad la que está hecha de creencias».

-Richard Bandler

¿Qué es lo que más admiras de un líder?

En mi caso personal, lo que más admiro es la *coherencia*, es decir, lo que siente, piensa y hace un líder. No me estoy refiriendo a alguien que lleve el rótulo de *buena gente*. El juicio que hagamos sobre un líder depende del tipo de *observador* que seamos y será distinto al de otras personas. Este concepto es importante para cambiar la modalidad en que nos comunicamos y accedemos a la realidad, más adelante te explicaré por qué. Uno de los errores más frecuentes que cometemos es asumir que todos vemos lo mismo. Y, aunque parece indiscutible, existen matices en los sonidos, colores y tacto, que ponen en duda la certeza que tenemos sobre nuestra percepción de la realidad. Por lo tanto, es necesario entender cómo somos, cómo nos constituimos y cómo nos relacionamos con otros.

Como referí en el capítulo anterior, el patrón que me acompañó por mucho tiempo, fue la inestabilidad laboral y la desmotivación. Sin embargo, es verdad que nunca es tarde para encontrar el trabajo ideal. Allá por el año 2000, recibí una formación ejecutiva en un Instituto para líderes, estaba fascinado con los aprendizajes y la calidad de docentes que tuve. Al haber sido un alumno destacado, el Instituto me ofreció trabajo como coordinador en sus programas, ya se imaginarán lo entusiasmado que me encontraba. Pasado un tiempo, se abrió la posibilidad de ser parte de la *plantilla,* como director de ventas. Sin titubear, acepté. Todo esto me hacía pensar que había sido iluminado por alguna luz divina, pero como nada es perfecto en la vida, enfrenté diferentes desafíos, que le dieron un toque más terrenal a mi trabajo. Uno de ellos fue la conversación que sostuve con el director del Instituto, a quien también reportaba.

Eran las 8 de la mañana. Yo estaba a punto de ingresar a la oficina de mi jefe, Leoncio. Le pedí una cita para reclamar el incumplimiento del pago de una comisión de ventas. Después de mucho esfuerzo, logré vender a una empresa un *programa de desarrollo de habilidades blandas,* sobre el que Leoncio tenía algunas dudas de que se concretara.

—Buenos días, Leoncio, ¿cómo estás? —lo saludé con respeto—, ¿qué tal tu día?

—Yo bien y, ¿tú? —me dijo Leoncio.

—No muy bien, estoy preocupado porque han pasado treinta días de la fecha en que se comprometieron a pagar la comisión por la venta que hice a nuestro nuevo cliente, y no han cumplido.

—No entiendo por qué te enojas. Tú sabes que en esta organización no todo es dinero, nos mueven motivos más trascendentes —refirió—. Te propongo pagar tu comisión en ocho cuotas mensuales, es lo mejor que puedo ofrecerte —concluyó.

—Pero eso no fue lo que quedamos —le respondí.

—Lo sé y espero que comprendas que el espíritu de esta organización está por encima de lo material.

—Bueno, qué te puedo decir. Hablaremos en otro momento, no me siento bien con esta alternativa —le señalé y me retiré de la oficina, bastante contrariado.

A la semana siguiente, Leoncio me mandó a llamar a su oficina.

—Buenos días, Martín.

—Buenos días, Leoncio.

—Estoy muy preocupado porque he revisado los ingresos de ventas del último mes y observo que no has llegado a la meta.—señaló.

—Sí lo sé, lo que pasa es que coincidió con la época escolar y creo que eso influyó en la decisión de inscribirse en los programas.

—Puedo entender lo que me dices, pero no puedo aceptar que afectes los ingresos de la organización. Aquí dependemos

45

de las ventas y no es posible darnos el lujo de incumplir las metas, así que busca la forma de revertir eso —terminó con la voz algo alterada por el enojo.

Después de esas conversaciones, terminé indignado, lo único que deseaba era buscar otro trabajo en el que me sintiera valorado. No entendía cómo mi jefe podía ser tan incoherente en su manera de actuar, y hablar con tanta frialdad en lo referente a mis necesidades.

Entendí que la motivación era esencial para lograr las metas de un equipo de venta, pero no la encontraba en sus palabras. Yo quería trabajar en un sitio en el que los líderes predicaran con el ejemplo, donde la confianza sea la base de las relaciones y el compromiso una consecuencia. Llevaba cuatro años trabajando en esa organización, me sentía cansado de su doble discurso y detestaba la falta de consistencia entre lo que se decía y se hacía.

Todo empezó el año 2001, yo trabajaba como director de ventas, estaba feliz porque para mí era un desafío vender programas de capacitación para líderes. Recuerdo haber dicho siempre: «yo no he nacido para vender». Al inicio, cuando tenía que visitar posibles clientes, deseaba que algo sucediera para no llegar a la cita. Poco a poco, con la práctica adquirí mayor seguridad y empecé a destacar por mis resultados.

Año tras año, las metas eran cada vez más desafiantes, a pesar de ello, lograba superarlas. Aun cuando pensaba que no tenía un gran sueldo, me sentía feliz porque aprendía y podía cubrir el presupuesto familiar con las comisiones que generaba. Conforme trascurría el tiempo, yo albergaba sentimientos encontrados; por un lado, sabía que aprendía y, por otro, me mostraba escéptico sobre mi situación económica a futuro. Me preguntaba una y otra vez, ¿qué voy a hacer si todo sigue igual?

En el Instituto se hablaba de motivación trascendente, liderazgo, excelencia en el servicio, algo nuevo para mí. Compartía mi rol de director de ventas con labores de coordinación académica. Me ilusionaba considerar que algún día sería docente allí. Leía mucho, practicaba a solas, soñaba despierto con ese gran momento. Transcurrían los meses y casi siempre era Leoncio el encargado de *volverme a la realidad*. Constantemente me recordaba: «tu función principal son las ventas, más adelante, quién sabe, quizá puedas tener una oportunidad de facilitar alguna sesión».

Después de cuatro años trabajando allí, mi expresión no era la misma, mi energía tampoco. Me levantaba de la cama, como cuando tenía examen de matemáticas en el colegio, buscando excusas para no ir. ¿Por qué me sentía así? ¿Qué me estaba ocurriendo? Sin duda, me desmotivaba la falta de consistencia en las acciones de mi jefe, me frustraba no tener la oportunidad de crecer y tener que solo limitarme a vender. Sabía, en el fondo, que yo podía facilitar alguno de los programas del Instituto, había algo en ello que me seducía, pero al final me sentía estancado, sin proyección.

Esta sensación era cada vez más evidente, mi mente estaba enfocada en encontrar algo diferente. Cuando ya lo tenía decidido, me atosigaban las preguntas: «Y después, ¿qué?» «¿Adónde voy a ir?» Y volvía a la rutina de siempre. Era obvio que mi autoestima no era la mejor para salir a conquistar el mundo en ese instante, así que me encontraba atrapado en un gran dilema.

Primera señal de cambio

Conforme pasaban los días, llegaba a casa de mal humor, hablando con un tono de queja. Mi esposa sospechaba que algo malo ocurría. Me preguntaba, «¿qué te sucede?», y yo respondía, «todo está bien», para darle tranquilidad y no hablar más del tema. Sin embargo, me sentía abrumado, así que una noche, apenas llegué del trabajo, le conté sobre las dos conversaciones que tuve con Leoncio y de mi deseo de abandonar el empleo. Le dije: «Ya no doy más en ese trabajo, no me siento valorado, es momento de emprender algo propio». Para ser honesto, pensé que me diría, «respira, tranquilízate, piénsalo mejor, acuérdate de las cuentas, del colegio de los chicos», y así por el estilo; sin embargo, me miró a los ojos y con total seguridad, me dijo: «lamento mucho lo que está sucediendo, lo imaginaba y quiero decirte que cualquiera que sea la decisión que tomes, estaré contigo para apoyarte». Nos abrazamos fuerte, me sentí más aliviado. Eran las palabras que necesitaba para *dar el salto*.

La decisión que cambió mi vida

¡Y llegó el día que tanto había esperado! Me reuní con Leoncio uno de los últimos días de noviembre de 2006. Le dije que me retiraba de la Institución, porque tenía otros proyectos profesionales. Él me respondió, «lo lamento, no lo esperaba, creía que contaba contigo para seguir creciendo, pero si ya lo has resuelto, te deseo lo mejor». Le agradecí, aunque no puedo negar que me quedé con las ganas de decirle todo lo que me había guardado durante esos cinco años.

De regreso a casa, ¡estaba feliz! Me había quitado un gran peso de encima, estaba orgulloso por haber ejecutado mi decisión. No obstante, conforme pasaba la euforia, empecé a sentir tristeza y cierto temor, pero ¿por qué? ¿Acaso no era lo que quería? Quizá mi tristeza aparecía por desistir de una posibilidad de crecimiento. Era el epílogo de un capítulo y el inicio de otro, llamado, *incertidumbre*.

Han pasado quince años desde que tomé esa «difícil» decisión de emprender y no me arrepiento. Me llevó tiempo entender lo que viví en ese Instituto. ¿Qué me faltó aprender para tener una mejor relación con Leoncio? ¿Por qué tuve que esperar cinco años para cambiar de rumbo?

El propósito de este capítulo no es motivarte a que dejes tu trabajo, en absoluto, es que descubras si eres feliz con los resultados que obtienes en tu vida personal y profesional. Es ayudar a empoderarte, en tu rol de líder, para que tus acciones vayan en línea con tus principios y valores. Compartiré contigo aprendizajes, conocimientos y herramientas que te permitirán cambiar la dinámica de tus relaciones y generar mayor valor para tu equipo de trabajo.

Sabemos que los hechos no se pueden cambiar (lo fáctico). Lo que sí es posible cambiar es la manera de pensar respecto a lo ocurrido (el observador). En ese sentido, por ejemplo, las situaciones que pasé en el Instituto, en ese momento, no las pude evitar, lo que sí pude haber hecho fue responder con mayor efectividad. Precisamente, una de las alternativas que te ayudarán a cambiar tu perspectiva, es tener más *distinciones*. Me refiero a la capacidad que poseemos los seres humanos para distinguir, desde el lenguaje, un elemento. Como refiere Rafael Echeverría, «no podemos observar algo para lo cual no tengamos una distinción. Y, de las diversas distinciones, resultan mundos diferentes y posibilidades de acción diferentes»[1]

Te voy a explicar de modo sencillo, cómo, la falta de distinciones, me llevo a tomar decisiones poco efectivas que no contribuyeron a una mejor relación con Leoncio. Es posible que ahora tengas una situación similar a la mía, y estoy seguro de

---

1   Ibid

que estos conceptos te servirán para responder con mayor efectividad a cada desafío que enfrentes. A continuación, haré distinciones sobre problemas, explicaciones, el observador y los modelos mentales.

Problemas

Cuando hablamos de problemas, inmediatamente lo asociamos a conflictos. En diversas ocasiones, he conversado con líderes acerca de este tema y sus implicaciones. A la mayoría le cuesta enfrentarlos, entre otros factores, por temor a las consecuencias o porque piensan que, si se presentan, entonces su trabajo no es bueno. Felizmente, se pueden gestionar, solo hace falta conocer los factores que los desencadenan y desarrollar habilidades para superarlos. Los conflictos se pueden *evadir, postergar o enfrentar.* Josep Redorta, explica que, «un conflicto bien gestionado es una fuente de aprendizajes nuevos y abre nuevas posibilidades. Es una llamada al cambio»[2] Los problemas no viven fuera de nosotros, están vinculados a nuestra manera de interpretar una determinada situación. Volviendo a esos años en los que trabajé en el Instituto, Leoncio partía de la creencia de que todos trabajábamos por motivos trascendentes; sin embargo, esa creencia, que formaba parte de la cultura organizacional, generaba un problema en mi presupuesto familiar.

Fredy Kofman define *el problema*, como la manera en que una persona juzga la brecha que hay, entre lo que desea y lo que puede lograr. «El *problema* es siempre un problema para alguien que no sabe responder con efectividad»[3]. Tengamos en cuenta que una situación puede ser vista como un problema y también como una oportunidad para otro. No podemos negar

---

2 Redorta, J., No más conflictos, Paidós, Barcelona, 2012
3 Ibid.

que los enfrentamos a diario, ya sea con un cliente insatisfecho o porque el auto se malogró rumbo a una cita. Los *problemas* no constituyen hechos en sí, dependen siempre de los juicios que hagamos. Si nos enfocamos en las circunstancias tendremos escaso poder para cambiar el resultado, en cambio, si reconocemos que somos parte del problema, entonces también seremos parte de la solución y tendremos mayores posibilidades de resolverlo. En mi caso, yo ponía toda la responsabilidad en las acciones de Leoncio, me desgastaba inútilmente y ello me quitaba poder. Si me hubiera dado cuenta de que era yo quien no sabía cómo manejar esa situación, mis acciones podrían haber cambiado las decisiones que tomé y con ello, el resultado.

Explicaciones

Cada vez que evaluamos un resultado, tendemos a buscar una explicación. Podemos elegir una **explicación tranquilizante** para aliviar nuestro ánimo cuando no logramos una meta. Por ejemplo, una explicación que yo solía pensar para justificar mi situación en el Instituto era: «Mientras Leoncio sea mi jefe, nada va a cambiar», pero «no puedo dejar mi trabajo porque tengo familia». Estos ejemplos tienen algo en común, son expresiones formuladas en tercera persona, y en ambos casos, se terminan asumiendo como si fuera verdad.

Otra opción es elegir una **explicación generativa** orientada a la búsqueda de soluciones. Aquí surge la posibilidad de hacernos cargo de una situación no deseada y vernos como protagonistas. Si aplicaba esta distinción me hubiera ahorrado cinco años. Es cierto que no la estaba pasando bien, pero también es verdad que yo renuncié a mi capacidad de elegir cambiar esa situación y me quedé atrapado en la resignación. No es lo mismo decir: «Leoncio no me dejó ser docente»; a decir: «No encontré la manera de persuadir a Leoncio para que me diera la oportunidad de ser docente».

Vemos las cosas como somos

¿Por qué para algunas personas, Leoncio era un líder?, y para mí, ¿solo un jefe? Toda opinión proviene de la persona que la emite y del tipo de observador que seamos. Lo cual significa que, según mis creencias, Leoncio no se comportaba como un líder; sin embargo, era simplemente la manera como yo lo juzgaba. ¿Y cómo se explica esto? Según Rafael Echeverría, se debe a la manera como interpretamos la situación que enfrentamos, cómo le damos sentido a lo que acontece y, en esa dinámica, surgen un conjunto de acciones posibles y otras que no pueden ser percibidas. Todos tenemos un punto ciego, solamente si cambiamos el lugar desde donde observamos, podremos obtener un resultado diferente.

Se trata de un tema complejo que requiere profundizar en diversos factores. Sin embargo, te voy a compartir de manera sencilla, cómo aplicar estas distinciones a través del modelo OSAR de Rafael Echeverría: el ***Observador, Sistema, Acciones y el Resultado***.[4]

El modelo OSAR

Todos buscamos obtener resultados satisfactorios, ¿no es verdad? Y, ¿qué pasa cuando no los conseguimos? Esto se convierte en un problema, buscamos explicaciones, nos justificamos, o también podemos resignarnos y llegar a la frustración. En consecuencia, surge una serie de reacciones emocionales que nos llevan a revisar las ***acciones*** que no han sido efectivas para cambiarlas. Por ejemplo, Yo me sentía desmotivado e insatisfecho con la situación que vivía en el Instituto, intenté cambiar algunas acciones que no me daban resultados, como conversar con Leoncio para reclamar mi pago de comisiones,

---

4 Rafael Echeverría, Escritos sobre el aprendizaje: recopilación. - 1a ed. Buenos Aires: Granica, 2010

o para ser docente. Sin embargo, los resultados no fueron mejores de los que ya tenía. A estos cambios en las acciones para mejora, Echeverría denomina, *aprendizaje de primer orden.*

Si descubrimos que estas nuevas *acciones* no han rendido frutos, necesitaríamos ir al casillero del **observador** para modificar algo en nuestros modelos mentales, que luego generen acciones más efectivas. A esto se le llama, *aprendizaje de segundo orden.* Para que los cambios funcionen, se deben integrar al *sistema* (familia, comunidad, organizaciones), de lo contrario, los aprendizajes individuales serían insuficientes. El cambio de observador tiene grados de profundidad, lo que significa que puede influir en los patrones de comportamiento, arraigados en la persona. A esto se le conoce como *aprendizaje transformacional.* En ese sentido, por ejemplo, mi decisión de desvincularme del Instituto y emprender a los 42 años, fue un aprendizaje de segundo orden. Yo tenía la creencia de que no podía dejar de tener un ingreso mensual; sin embargo, decidí emprender un nuevo proyecto personal como consultor que me ha dado mayor satisfacción.

MODELO OSAR - RAFAEL ECHEVERRÍA

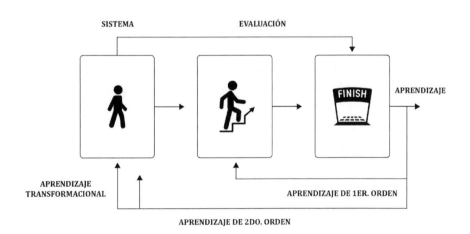

(Figuras tomadas de la plataforma Visual Voices - Openmind)

Reflexiona

- ¿Cómo juzgas los resultados que has obtenido en tu trabajo?
- ¿Qué reacciones has tenido?
- ¿Qué acciones necesitas cambiar para mejorar los resultados?
- ¿Qué creencias te están impidiendo lograrlo?

Modelos mentales

Los modelos mentales, según Peter Senge, son supuestos profundamente arraigados que influyen en nuestra manera de actuar. Se encuentran en el subconsciente, ayudan a dar sentido a la realidad y a operar con efectividad. Definen cómo percibimos, sentimos e interactuamos.[1] Estos filtros que actúan como lentes para darle sentido a nuestras acciones, están constituidos por: *la biología, el lenguaje, la cultura y la historia personal.*

Biología

Maturana[2] menciona que las experiencias de una persona están determinadas por su sistema nervioso, de tal forma que dos personas pueden observar un mismo fenómeno; sin embargo, podrán ver algo distinto. Es frecuente verlo en la toma de decisiones, al momento de converger. Por ejemplo, dos personas pueden disfrutar de un mismo paisaje, solo que, si uno de ellos es daltónico, cada quien verá un paisaje diferente.

---

1 Senge Peter: La quinta disciplina, op. cit.
2 Ibid.

Lenguaje

Permite comunicarnos con nosotros mismos y con otras personas, respecto a lo que percibimos en el entorno. El lenguaje ha pasado de ser un medio descriptivo, para convertirse en generativo, es decir, que nos permite intervenir para cambiar las relaciones y desarrollar nuestra identidad personal. Cuando digo «te pido que revisemos nuestros acuerdos» estoy realizando una acción que abre posibilidades de cambio para nuestras vidas.

Cultura

Se refiere a los artefactos, comportamientos y creencias compartidas que han sido adquiridos durante un periodo de tiempo y que han servido para lograr resultados y adaptarse a los cambios. Recuerdo en una ocasión en la que asistí a una empresa para dar una conferencia, curiosamente, nadie se sentaba hasta que llegara el Gerente general. Incluso los participantes se reían solo cuando él lo hacía. Es la cultura la que puede sostener a una organización en el tiempo, pero a su vez, puede ser determinante para hundirla en *épocas de tormenta*.

Historia personal

Se revela a través del conocimiento y la experiencia. Habla de nuestras raíces, de la forma como hemos sido criados. Todas las vivencias que nos predisponen a actuar de una manera particular.

¿Qué hago con todo esto?

Después de haber revisado mi historia con Leoncio y las distinciones que te he compartido, es necesario articular todo esto para darle un sentido práctico. Si estás pasando por momentos *difíciles*, ya sea porque no estás logrando cumplir con tus metas y objetivos, o quizá porque no mantienes una relación efectiva con tu jefe o equipo de trabajo, te propongo lo siguiente:

- Evalúa si tus resultados responden a los estándares acordados.
- Convierte tus problemas en acciones.
- Genera un plan de acción, con objetivos SMART.
- Realiza explicaciones generativas.
- Identifica las creencias que limitan tu aprendizaje y desafíalas.
- Ten presente que cada persona opera desde sus propios modelos mentales.
- Pide la ayuda de un *coach* o Mentor.

Comprender que somos seres condicionados por nuestros modelos mentales, nos permitirá soltar la certeza de que las cosas son como las vemos. Hoy tenemos la oportunidad de abrazar la humildad, de reconocer nuestras fortalezas y oportunidades de mejora. Podemos hacernos conscientes de que solo es posible acceder a una parte de la realidad, hasta donde nuestras capacidades biológicas lo permitan. Somos seres relacionales, ahí está el desafío. Cada vez que te sientas insatisfecho con tus resultados, respira y pregúntate, cuál es tu responsabilidad en esto, entonces, revisa tus acciones para hacer ajustes. Si deseas obtener cambios, te recomiendo empezar primero por ti. Como refiere Stephen Covey,[3] «*siempre pensa-*

---

3   Stephen R. Covey, Los 7 hábitos de la gente altamente efectiva, La revolución ética en la vida cotidiana y en la empre-

mos que el problema está allí afuera. El paradigma del cambio, entonces es de adentro hacia afuera». Si pretendes que la otra persona cambie, te recomiendo que tomes asiento y prepares café, porque quizá nunca suceda.

En este capítulo reflexionamos sobre:

- Distinguir lo que significa un problema y cómo se genera.
- La importancia que tienen las explicaciones en la búsqueda de soluciones.
- Entender que somos observadores distintos.
- Cómo nos constituimos a partir de nuestros modelos mentales.

Seguimos en la ruta del empoderamiento, ahora ya tienes más claro lo que significa aprender y cómo, el tipo de observador que somos, condiciona nuestra manera de relacionarnos con el mundo. Cambiar el *Switch* depende únicamente de nosotros; desde la libertad y responsabilidad que tenemos como seres humanos. En el próximo capítulo te mostraré cómo las emociones determinan nuestras acciones y de qué forma puedes aprender a gestionarlas. Te contaré uno de los episodios más duros que me ha tocado vivir y que fue fundamental para redireccionar mis acciones y retomar el camino del liderazgo.

---

sa, Editorial Paidós 1989

GESTIONA TUS EMOCIONES 3

«Muchos de nosotros no estamos viviendo nuestros sueños porque tememos vivir nuestros miedos».

-Les Brown

Ignorar la presencia de las emociones en nuestra vida, es desconocer la función vital que ha ejercido en nuestros ancestros a lo largo de la historia. ¿Cuántas veces has intentado dejar de sentir rabia, tristeza, o miedo? ¿Lo pudiste lograr? Toda acción tiene consecuencias, esa es una lección aprendida, pero, ¿qué tienen que ver las emociones en nuestras acciones? Te aseguro que mucho más de lo que te imaginas. Lamentablemente, para mí, ese aprendizaje llegó mucho después de lo que te voy a contar.

Cómo me hubiera gustado conocer un poco más del mundo emocional hace veinte años. Pero, he comprendido que todo llega en su momento, que de nada sirve brincar los aprendizajes, porque los necesitamos para actuar con mayor consciencia. Estoy convencido de que, sin ellos, los conocimientos de este capítulo no tendrían el mismo impacto. Deseo de corazón que lo aproveches para ganar seguridad y confianza en tus decisiones, sea cual fuere el contexto en el que te desenvuelvas. Te mostraré la manera como nuestras emociones influyen en la calidad y eficacia de nuestras decisiones y pondré a tu alcance herramientas que serán de suma utilidad en tu ruta hacia el liderazgo.

Una ocasión que parecía un día cualquiera, me encontraba trabajando en la oficina de caja, en una gran empresa industrial, en ese momento ya tenía dos años en el puesto. Finalizando la tarde, fui llamado de la gerencia general, no tenía la menor idea del motivo. En ese trayecto hacia la oficina del Gerente, me surgieron mil pensamientos: «Y ahora, ¿qué hice?, ¿me dirán, hasta aquí no más?» En la empresa se tejían historias de que cuando te llamaban de esa forma, no había un final feliz. Toqué la puerta, y allí estaba el director Gerente Chevalier, a quien solo había visto de lejos en alguna ceremonia, junto con el subgerente Gómez. Al ver el rostro de ambos, me dieron la impresión de que no habría malas noticias. El diálogo se dio de la siguiente manera:

—Hola, Martin, gracias por venir —dijo el Gerente.

—Buenos días, señor Chevalier —le respondí.

—Me han dicho que eres una persona responsable, con muchas ganas de superarte.

—Muchas gracias.

—Tengo una propuesta que hacerte.

—¿Te gustaría ganar el doble y asumir una posición de mayor responsabilidad?

—Por supuesto —contesté algo emocionado.

—Quiero que te hagas cargo de la supervisión de la planta de producción más importante de la fábrica.

Me quedé sorprendido por la propuesta. Mi rostro era de alegría y entusiasmo. No lo pensé dos veces y acepté. Nos dimos un apretón de manos con el Gerente y Subgerente y me retiré.

Salí de la oficina como lo hizo Chris Gardner, el personaje de la película *En busca de la felicidad* cuando fue aceptado como agente de una compañía financiera. Se lo quería contar a mi novia, quien ahora es mi esposa, con la ilusión de que nuestros planes de casarnos se harían realidad. Total, qué podía salir mal, solamente era cuestión de aprender un poco sobre supervisión, trabajar muy duro y listo. Luego, ya más tranquilo, recordé que había estudiado la carrera de economía y quizá esos conocimientos no iban a ser suficientes para hacer el rol de ingeniero industrial. ¿En qué me estoy metiendo? ¿Podré manejar una planta con 250 trabajadores?

Asumir la responsabilidad de manejar la producción de una planta industrial era un verdadero reto. Yo reportaba al Gerente de producción, una persona que logró el puesto con base en su empeño y lealtad con el dueño de la empresa. A los 24 años yo me consideraba una persona bastante sensible, con mucho entusiasmo y habilidad para relacionarme, pero carecía de conocimiento y experiencia para el puesto, además, me sentía incapaz de manejar situaciones difíciles con mi jefe, quien solía trabajar con la gente desde el miedo. Felizmente, logré muy buena conexión con el personal operario. Yo había visto a mi padre tratar con cuidado a su personal cuando trabajaba como oficial de policía y me quedó grabado eso de *tratar a las personas como desean que las traten*.

Pasaba el tiempo, y los resultados empezaron a acompañarme, la producción se elevó, el personal se sentía muy bien con el trato que recibía. Como consecuencia de esto, el dueño incrementó mis ingresos y reiteró su confianza en mí. «Sabía que no me iba a equivocar contigo», mencionó en una ocasión. De alguna manera, terminé haciendo el trabajo que mi jefe no sabía realizar. Todo parecía andar de maravilla. Sin embargo, estos buenos resultados no terminaron alegrando a todos, por el contrario, empecé a tener una relación más áspera con mi jefe. Diría que había celos porque el dueño me consultaba detalles de la producción o porque las personas solían conversar conmigo. Todo esto empezó a ser el *caldo de cultivo* de una relación cada vez más tensa y una mala señal en mi vida, que me llevó a reaccionar y renunciar. Pensaba que era lo mejor para mi tranquilidad, aunque también le decía adiós al *buen sueldo*.

Después de dos años, en los que trabajé en algunas empresas relacionadas con el rubro financiero, retorné a la misma empresa. Me buscaron para proponerme una gran oferta, me prometieron que sería el nuevo Gerente de producción en corto tiempo y tendría un sueldo por encima del mercado, que era el doble de lo que había estado percibiendo en otras empresas. En ese entonces, ya estaba casado y teníamos un hijo, así que volví, según lo que pensaba, con mayor madurez, con ganas de hacer un buen trabajo. Tenía claro que me volvería a encontrar con un viejo conocido, *mi jefe*, aunque estaba consciente de que él iba de salida. Transcurrieron algunos meses, y la relación había mejorado, la producción también fue óptima. Estos resultados hicieron que terminara quedándose como Gerente de producción por mucho más tiempo y yo seguía detrás de él una vez más. Permanecí cuatro años en este nuevo período, siempre con excelentes resultados.

En 1998, la crisis Rusa llegó a esta parte del continente y empezó a afectar el consumo en el mercado doméstico. La producción cayó y con ello tuvimos que reducir personal en la planta. Mi jefe decidió enviarme, con un grupo de operarios, a hacer limpieza en un terreno que había adquirido la empresa con intención de expandirse (algo que no sucedió). La relación con él, nuevamente, se volvió tirante; buscaba cualquier excusa para recordarme quién mandaba allí. Estuve cuatro años en esa segunda etapa, el país se encontraba en crisis y no veía futuro para mí. La historia se repetía. Una mañana me levanté para ir al trabajo y lo primero que vino a mi mente otra vez fue *renunciar*. Estaba agobiado, ya tenía dos hijos y creía que mi situación en el trabajo no iba a cambiar, así que lo hice de nuevo, renuncié.

Estaba decidido a hacer algo diferente. Luego de buscar alternativas, comencé mi primer emprendimiento, ingresé al negocio de distribución de alimentos, pensaba que era perfecto para crecer. Invertí en una oficina, un pequeño camión, contraté personal de ventas; estaba con muchas ganas de *comerme el mundo*. Lamentablemente, me fue muy mal. No contaba con una visión clara del negocio y menos con estrategias comerciales. La cobranza era complicada y poco a poco me fui gastando el capital que tenía. Para colmo de males me estafaron, ese fue el puntillazo que me faltaba, una *cachetada de la vida*. Quedé endeudado, con esposa, dos hijos pequeños y sin trabajo. Una vez más, mis emociones me llevaron a tomar decisiones apresuradas y poco efectivas, que terminé *pagando caro*.

¿Cómo la pasas afuera?

¡Muy mal! Más aún si estás en medio de una crisis. Después de renunciar, sin ninguna alternativa concreta, los ahorros se van consumiendo y algunas personas de tu entorno empiezan a desaparecer como por *arte de magia*. Buscas empleo, te ilusionas con aquellas reuniones donde *casi lo logras*, pero al final no consigues nada. Llamas a los amigos que siempre te atendían el teléfono y ahora te mandan a decir que te contactarán luego. Tu autoestima empieza a dar señales de fragilidad, poco a poco dejas de ver los empleos que calzan con tu perfil y tus pretensiones salariales, el dinero se acaba, y aparece la angustia, de la mano con la ansiedad. Vas en caída libre; el auto se vuelve taxi, para que no falte la comida del día. No deseas que nadie te vea, aprendes a tragarte tu orgullo, porque entiendes que con eso no se come. Cuando enfrentas esta situación, las emociones que embargan ese instante son: rabia, impotencia, tristeza, miedo. Te sientes atrapado por el estado de ánimo, la desesperación ronda a cada instante, la resignación también. Viví todas estas experiencias durante casi un año. Ahora que lo pienso, serían dignas candidatas para una versión de la película *Misión Imposible*.

Cuando sentí que ya no había salida, apareció un amigo que me dijo: «Están buscando una persona para trabajar en administración. Es una empresa constructora, ¿te gustaría aplicar?» Yo no sabía qué decir, me temblaba la voz y las piernas, no lo podía creer, alguien me ofrecía trabajo. Le dije que sí y le agradecí de corazón. En ese momento no me interesaba de qué puesto se trataba, yo solo quería trabajar, nada más. Conseguí el puesto de Gerente de administración de una constructora ligada al negocio de la telefonía celular. Esto era un milagro, no tenía otra explicación.

¿Qué me llevó a esa situación? ¿De qué manera jugaron mis emociones un papel decisivo en mis decisiones? ¿Qué aprendí de esta dura lección? Consciente de que esto le puede pasar a cualquiera, quiero explicarte cómo mi falta de inteligencia emocional hizo que tomara decisiones precipitadas en esa etapa de mi vida. Escribo este capítulo pensando en todas aquellas personas que puedan sentirse presionadas por la responsabilidad, en el trabajo y con la familia. Me motiva saber que si leen esta historia y usan algunas de las herramientas que comparto, lograrán mejores resultados en sus vidas. En el primer capítulo, cuando hablaba de mis *cicatrices,* me refería precisamente a estos aprendizajes, que no los cambiaría por nada, porque son los que me han permitido presentarme ante miles de personas para hablarles de liderazgo, de motivación y empoderamiento, sin ningún temor.

¿Qué son las emociones?

Cuando era supervisor de planta, la producción iniciaba a las 7:30 am. Todos nos saludábamos con amabilidad, el ambiente era distendido. Sin embargo, cuando el dueño de la fábrica anunciaba su llegada, los operarios se ponían tensos, sus rostros denotaban temor. Cuando se abría el portón de la planta, ingresaba el vehículo de seguridad y detrás, el auto del dueño. Se abría la puerta y él bajaba del auto. No niego que también me sentía tenso, contagiado del temor general, aunque no lo demostraba. Cuando el dueño decidía hacer una inspección, la tensión aumentaba y si encontraba un error en alguno de los productos, pegaba un grito contra mí. Yo me acercaba sin mostrarle temor, los operarios se ponían pálidos. El dueño decía: «¿Me puedes explicar esto? ¿Cómo es posible que tengamos productos defectuosos? ¡No lo puedo permitir!». Yo me disculpaba y mirándolo a los ojos le decía que me dejara revisar, que tendríamos más cuidado en el control de calidad. Cuando él se daba media vuelta y se iba con dirección a su oficina, el ambiente se iba calmando, descargando de la tensión que generaba la escena. Los operarios se acercaban a mí para disculparse, a algunos los veía con miedo, otros con rabia y tristeza.

Las emociones son parte importante de la supervivencia del ser humano, permiten adaptarnos a las circunstancias y preservan nuestra vida. Las emociones no las buscamos, aparecen. Se las reconoce por las reacciones químicas que se producen en nuestro organismo. Existen emociones que nos acercan (la alegría, el amor) y otras que nos alejan (miedo, rabia, tristeza). Todas cumplen una función y nos dan información que, por lo general, no llegamos a descifrar. Las defino como disposiciones a la acción que se generan como producto de un pensamiento que, a su vez, proviene de un hecho. Según Paul Ekman,[1] dependen de un tipo de valoración automática, condicionada por nuestra historia personal, que impacta en nuestro bienestar. A su vez, Dan Newby y Lucy Núñez,[2] nos dicen que «la energía emocional puede mostrarse como una reacción a una experiencia, lo que sería una emoción, o puede ser más duradera, en cuyo caso le llamaremos un estado de ánimo».

Mientras escribía la historia de la planta, pude sentir la sensación que me produjo esa situación. Si aplicamos la definición, el hecho de que el dueño de la fábrica hiciera la inspección, generaba miedo. La interpretación lingüística sería: *existe la posibilidad de que nos sancionen y nos afecte económicamente o incluso la pérdida del empleo* (una amenaza). Las sensaciones que se producían en mi cuerpo eran de tensión, con los ojos abiertos y la reacción era una alerta. Una vez que se iba el dueño, la emoción daba por cumplida su función. El miedo, por ejemplo, es una emoción que nos recuerda que podemos anticiparnos para evitar una posible amenaza o pérdida. Es importante distinguirla de los sentimientos. Mavi Catalá hace referencia al hecho de que cuando emitimos un juicio sobre una emoción, luego esta se transforma en sentimiento. Por

---

1   Paul Ekman, El rostro de las emociones, edición digital: RBA Libros, S.A., 2017., Barcelona

2   Newby, Dan; Núñez, Lucy. Emociones, un Regalo por Abrir: Introducción a la Alfabetización Emocional. Edición de Kindle.

ejemplo, cuando hablamos del sentimiento de la culpa podríamos juzgar que hicimos algo mal.[3]

La inteligencia en las emociones

En más de una ocasión, he tomado decisiones apresuradas, y he sufrido las consecuencias, tal como lo he narrado. Atribuyo a un manejo poco efectivo de la inteligencia emocional las veces que decidí renunciar a mis trabajos (en algunos casos a mis jefes). A mediados de los años 90 se publicó el libro *Inteligencia emocional*, escrito por Daniel Goleman. A pesar de mantenerse cerca de año y medio en la lista de los más vendidos, todavía era un concepto poco difundido. Eran las épocas donde se valoraba más el cociente intelectual y se hablaba muy poco de las emociones en las empresas.

La inteligencia emocional es definida como la capacidad de gestionar nuestras emociones y, en la misma forma, las de los demás. En la medida en que aprendemos a relacionarnos con las emociones, tenemos la posibilidad de hacernos más conscientes y, a la vez, más inteligentes emocionalmente. Está compuesta por cuatro elementos esenciales: **Autoconsciencia, Autogestión, Consciencia social y Habilidades sociales**. Voy a describir brevemente en qué consiste cada una de ellas y, sobre todo, cómo podemos aprovecharlas para conocernos mejor y comprender las reacciones emocionales de las personas con las que interactuamos.

Autoconsciencia

En una conversación de *coaching*, mi cliente contaba que se enojaba mucho cuando tenía que pasar una entrevista de

---

3   Silvia Guarnieri y el equipo de EEC, distinciones de coaching: construimos a través del lenguaje, LID

trabajo y la persona que hacía de entrevistador le hablaba de sus logros académicos. Mi cliente refería que cuando lo escuchaba, se decía a sí mismo *«pero a mí qué me interesan sus logros, ¿acaso he venido a hablar de eso?»*, luego se ponía tenso, el pulso se le aceleraba y lo único que quería era terminar y salir de la sala. Para suerte de mi cliente, resulta que no volvería a verlo, lo malo era que no sería seleccionado, perdiéndose otra oportunidad de trabajo más. Esta secuencia describe el significado de la autoconciencia, es decir, la capacidad de reconocer y darle un nombre a nuestras emociones. Uno de los aspectos clave a tener en cuenta es la manera cómo juzgamos un acontecimiento, dado que no es lo que la otra persona diga lo que nos llega a molestar, sino cómo juzgamos lo que dice.

Te recomiendo hacer el siguiente ejercicio para reconocer y tomar conciencia de tus emociones:

Se trata de poner en palabras lo que estoy sintiendo en ese momento. Aplicándolo al caso de mi cliente, el ejercicio seria: «Me siento enojado cuando escucho hablar de sus logros al ejecutivo que me entrevista. Pienso que desea opacarme, así que voy a quedarme callado para terminar esta entrevista y retirarme».

Tener una alta consciencia de tus emociones te permitirá:
- Identificar y reconocer qué tipo de emoción estás sintiendo en una conversación.
- Saber por qué estás sintiendo esa emoción.
- Tener mayor seguridad para tomar la acción siguiente.
- Tener mayor apertura a las críticas.
- Tomar las cosas con calma.

Autogestión

¿Alguna vez te ha sucedido que estabas a punto de estacionarte en un lugar vacío de un supermercado, y de pronto, otra persona ingresa con su auto y lo ocupa sin tener ninguna consideración de que tú estabas allí esperando? ¿Recuerdas cómo reaccionaste? La *autogestión* es la capacidad de regular tus impulsos y redireccionarlos de manera que te permita reducir o modificar tu reacción ante cualquier situación. Significa que puedes tener la capacidad de diseñar la emoción que necesitas para lograr tu objetivo.

Las veces que tomé la decisión de renunciar a mis trabajos, no tuve en cuenta que podía canalizar mis pensamientos, mis reacciones fisiológicas y mis comportamientos. Me dejé llevar por lo que juzgaba que era injusto. Es en ese pequeño espacio entre lo que me provocaba y lo que era correcto hacer, que se desencadenó aquella reacción que luego terminó pasándome factura. César García-Rincón de Castro[1] explica el *Semáforo Emocional* de Daniel Goleman, una técnica que te ayuda a regular tus reacciones para tomar la acción más adecuada.

El Semáforo Emocional de Daniel Goleman

Rojo: Frente a cualquier situación en la que estás a punto de reaccionar, detente y piensa antes de hacerlo.

Amarillo: Expresa cómo sientes el problema, intenta poner un objetivo en positivo, baraja alternativas y piensa en las posibles consecuencias. Te recomiendo contar hasta diez, inhalar y exhalar, pedir permiso y retirarte por un momento.

Verde: Procede a tomar la decisión que consideres más apropiada para lograr tu objetivo.

---

1 Inteligencia Emocional: La escalera hacia la excelencia humana (Cuadernos para el Desarrollo Profesional nº 4), Edición de Kindle.

Reflexiona sobre las veces que te pasaste el *semáforo emocional*. ¿Cuáles fueron los costos que pagaste? ¿Qué hubiera sucedido si no te saltabas la luz verde?

Consciencia social

¿Te consideras un líder empático? Uno de los temas recurrentes que he visto en las relaciones jefe/colaborador es cuando este último le pide permiso porque tiene un asunto familiar urgente que atender. O cuando te pide aumento de sueldo porque ya no le es suficiente lo que gana. He escuchado respuestas de todo tipo, desde: «Tus problemas personales déjalos en la puerta de entrada, no me los traigas a la oficina», hasta, «No somos una beneficencia pública». Esto me lleva a preguntarme, ¿qué escuchó el jefe? ¿Siquiera intentó entender las necesidades que tenía? Lo más probable es que no. Se dice que todos nacemos con una predisposición a ser empáticos, generalmente por factores genéticos; sin embargo, el entorno en el cual has crecido, tus experiencias y educación, influyen a la larga. Uno de los aspectos clave es sin duda la escucha y la posibilidad de entender qué piensa, qué siente o qué le duele a la otra persona. Una vez me dijo un maestro: «Si antepones el juicio, entonces deja de ser empatía».

Habilidades sociales

La capacidad de influencia en las relaciones interpersonales, es fundamental para lograr que las personas y los equipos de trabajo logren sus objetivos. Entre las habilidades de influencia se encuentran la persuasión y la manipulación. ¿Recuerdas haber hecho un trabajo que no deseabas ejecutar, pero tu jefe te convenció? Podemos hacer la distinción entre persuasión y manipulación para entender mejor qué pudo haber pasado.

Persuasión

Es la capacidad de influencia de una persona, teniendo como fin un propósito mutuo. Por ejemplo, el jefe que exhorta a su equipo a alinear sus comportamientos para lograr mayor efectividad en su trabajo está haciendo uso de la persuasión. A ambos les conviene que funcione.

Manipulación

Se refiere a la capacidad de influencia, pero en este caso, buscando el beneficio de una sola persona. En mi experiencia reconozco haber sido manipulado muchas veces, sin darme cuenta. Por ejemplo, cuando me ofrecieron volver a la empresa industrial, me indicaron que sería el próximo Gerente de producción y eso nunca ocurrió. A eso se le denomina *manipulación por seducción*. También se puede apelar a la victimización, cuando una de las partes provoca un sentimiento de culpa en el otro. Esto suele pasar con frecuencia en las relaciones de pareja o entre padres e hijos. Recuerdo a una *coachee* que vivía con sentimientos de culpa por haber dedicado su vida al trabajo, ella creía que había dejado de lado a sus hijos y trataba de *pagar sus culpas* complaciéndolos económicamente. Finalmente, existe la manipulación por amenaza, que se produce cuando se condiciona la acción al castigo o sanción. Por ejemplo, una de las frases que solía escuchar cuando trabajaba como supervisor era: «Si no te gusta tu trabajo, recuerda que afuera hay una fila de cien personas esperando tomar tu puesto».

Las habilidades sociales son esenciales para conectar con los equipos de trabajo y llevarlos a la meta. Entre ellas se encuentran la comunicación, el liderazgo y la gestión de equipos. En los siguientes capítulos me referiré ampliamente a estas.

¿Qué hago con todo esto?

Todos nacemos con una ceguera emocional, es decir, desconfiamos de lo que sentimos. Luego de repasar la historia que viví como supervisor y las decisiones que tomé, deseo compartir contigo lo que haría si volviese a enfrentar una situación similar en la empresa industrial.

Voy a poner un escenario hipotético en el que la relación con tu jefe sea insatisfactoria:

Si lo que te dice te disgusta, escucha tus pensamientos (los cuentos que te cuentas), identifica la emoción que aparece en ese momento. Por ejemplo, puedo preguntarme, ¿qué me ocurre? ¿Qué estoy sintiendo? ¿Estoy enojado? (*autoconocimiento, autoconsciencia*)

Me provoca decirle lo que pienso «sin filtros». Pero, respiro, reflexiono, me digo: *quizá no tiene mala intención*, puedo indagar, encontrar opciones opuestas, positivas. Reconozco de qué manera he contribuido a que esto suceda y aprovecho la situación para lograr un aprendizaje significativo. (*autogestión, autorregulación*)

Si el problema fuera con mi jefe, me pongo en la situación de él e intento comprender cómo llegó a esa conclusión. Indago para saber cómo opina, qué siente, qué le incomoda, qué dice, qué ve. Evito hacer conclusiones hasta no tener información clara. Podría decirle: «Parece que mi trabajo no ha sido satisfactorio para ti y lo lamento. Me gustaría saber ¿qué es lo que no está funcionando?» (empatía).

En mis sesiones de *coaching* con líderes, quedó en evidencia que la ceguera emocional es uno de los factores que más afectan la relación en los equipos de trabajo. He conversado con excelentes profesionales, con gran capacidad técnica, pero con oportunidades de mejora en el aspecto emocional. Uno de esos casos fue cuando me contrataron para acompañar al Contador general de una gran empresa del medio. Recuerdo que antes de conocerlo, me habían dado referencias de su *mal carácter*. La primera vez que hablé con él, sentí que controlaba sus emociones, negándose a participar. De antemano me expresó: «yo no necesito ningún proceso de *coaching*, estoy bien así, gracias» Poco a poco fui haciéndolo consciente del impacto que generaba su estilo de liderazgo en su equipo. Le pregunté, cómo se sentía, y en su respuesta percibí que algo no estaba bien en él. Me dijo que se sentía abrumado, que no tenía espacio para su vida personal y que no sabía cómo cambiar eso. Lo animé a participar y me comprometí a poner toda mi experiencia a su servicio, luego aceptó. Cuando finalizaron las sesiones, conversé con personas de su entorno y me expresaron que había cambiado mucho, lo sentían más cercano a ellos, escuchando a su equipo y hasta traía chocolates para compartir. Han pasado varios años y hasta ahora me envía saludos por Navidad. La clave de esta experiencia de cambio, fue su aprendizaje emocional.

En este capítulo reflexionamos sobre:

- La importancia que tienen las emociones en nuestras decisiones.
- Cómo la inteligencia emocional es vital para liderar a otras personas.
- Los beneficios que puedes obtener cuando eres emocionalmente consciente.

En esta ruta del líder, camino al empoderamiento, he tratado de evidenciar que podemos andar con el **Switch** en *piloto* *automático*, tomando acciones que provienen de emociones desbordadas, ignorando las consecuencias que ello implica. También tenemos la opción de elegir, apagarlo y *operar en piloto manual*, tomando acciones conscientes. Las emociones forman parte del observador que somos. Sabemos que terminan incidiendo en los pensamientos y en nuestros comportamientos. Son muchos los líderes que pierden oportunidades de hacer un trabajo más productivo con sus equipos de trabajo, por falta de consciencia emocional.

En el siguiente capítulo te hablaré de la comunicación, quizá la habilidad más importante para motivar y lograr compromisos. No es casualidad que en los últimos dos años la mayor parte de mis capacitaciones hayan tratado de lo referente a habilidades blandas. Daré a conocer los aprendizajes más relevantes que me hicieron entender cómo la comunicación deja de ser una mera descripción de los hechos y puede transformar la realidad de cualquier persona. Prepárate para incorporar nuevas herramientas que podrás aplicar en tus conversaciones.

COMUNICA CON PODER 4

«*El arte de la comunicación es el lenguaje del liderazgo*».

-*James Humes*

Cada vez que inicio una sesión de aprendizaje en comunicación efectiva, suelo preguntar a los participantes ¿Qué te gustaría lograr en esta sesión? La mayoría responde, «Me gustaría *llegar* mejor a mi equipo de trabajo» o «*entender* a mis colaboradores». Cuando les consulto a personas que han terminado sus relaciones de pareja, ¿cuál fue el motivo?, me indican que fue por una mala comunicación. Si revisamos los orígenes de una relación poco efectiva entre padres e hijos adolescentes, los padres señalan que no entienden el comportamiento de sus hijos. Puedo seguir con una lista interminable de respuestas que me llevarán a la misma conclusión una *mala comunicación*. La necesidad de aprender a comunicarnos es latente y poco consciente. Después de esta conclusión, con diagnóstico en mano, podríamos decir que para resolver este *problema* bastaría con leer algunos libros o asistir a cursos de comunicación efectiva, ¿no es así? Lamentablemente, la solución no es tan sencilla.

El propósito de este capítulo es ayudarte a lograr mayor efectividad en tus conversaciones, a partir de incorporar nuevos conocimientos (distinciones) sobre el lenguaje. Descubrirás que existe otra manera de comunicación más proactiva, que te ayudará a lograr compromisos con tus equipos de trabajo. Te mostraré cómo la falta de habilidades de comunicación en nuestras relaciones hace que perdamos oportunidades en nuestro desarrollo profesional.

En el capítulo anterior mencioné que después de haber estado varios meses sin empleo, ingresé a una empresa familiar vinculada al rubro de la construcción. Durante mi primer día de trabajo, iba manejando mi auto, feliz por esta nueva oportunidad. A pocas cuadras de llegar, fui embestido por otro vehículo que me arrastró cerca de diez metros, el auto quedó muy afectado y yo con fuertes golpes. Me dieron unos días de descanso médico, así que mis deseos de empezar una nueva etapa laboral tuvieron que esperar un poco más.

Entenderán que estar desempleado por tanto tiempo había afectado mi autoconfianza, me costaba interactuar con nuevas personas. Felizmente, fui recibido con bastante cordialidad por el dueño de la empresa, a quien llamaré, Pepe. Él fue sincero conmigo desde un inicio, me explicó el motivo de mi ingreso y qué es lo que necesitaba que hiciera en su empresa. Para ponerlo en contexto, eran inicios del año 2000, la telefonía celular ya empezaba a crecer en el país, la empresa contaba con excelentes profesionales que eran expertos en infraestructura para telefonía celular. Ingresé como Gerente administrativo y financiero, un cargo que alimentaba mi alicaído ego. ¡Ya era Gerente al fin! La empresa poseía una cultura particular, como todas, la persona que me antecedió se caracterizaba por tener un estilo de liderazgo bastante *bonachón*. Era de esos Gerentes que se llevaba bien con todos, que nunca se enojaba con nadie, que seducía a las personas dándoles más de lo que pedían. Él pasó a trabajar a otra empresa que se había creado, entonces, Pepe necesitaba que pusiera *orden* en los gastos y en la administración de los recursos. Recuerdo su frase: «en épocas de bonanza los errores son imperceptibles, pero tarde o temprano esto se acaba».

Esta nueva etapa era la ocasión perfecta para no cometer los mismos errores que tuve en experiencias pasadas. Era la gran oportunidad de demostrarme a mí mismo que podía ser un buen líder. Ya había pagado un alto costo por mi falta de aprendizaje, tanto en la gestión como en lo emocional, y quería hacer algo distinto. Me propuse construir una relación cordial con las personas de la oficina, seguir las instrucciones de Pepe, ordenar las cuentas y restringir algunos gastos que a mi criterio no se justificaban. Entre otros cambios, los préstamos fueron regulados, así como los permisos y la asistencia. Desde un inicio fui sincero con el personal, les pedí que me comunicaran sus inquietudes, que estaba dispuesto a escuchar sus necesidades y abierto a recibir sus críticas. Yo veía en sus rostros una reciprocidad reflejada en una tímida sonrisa, que tomé como una señal de desconfianza hacia mí. Poco a poco me di cuenta de que la mayoría prefería hablar directamente con Pepe, sobre todo cuando cambiaba alguna de las reglas ya establecidas por el anterior Gerente. Yo le manifestaba mi preocupación, pero él minimizaba el hecho; aseguraba que era natural, por la relación de confianza que mantenían: «Es cuestión de tiempo, ten paciencia», replicaba.

Conforme transcurría el tiempo, empecé a sospechar que me había convertido en el *intruso de la familia*. Las personas en la oficina habían diseñado una comunicación subterránea, que era imperceptible a mis oídos. Yo intentaba ser el líder inspirador, muy cercano al que se describe en los libros de *management*; sin embargo, en la práctica me había vuelto impopular, por haberlos sacado de su *zona cómoda*. Mi primer aprendizaje fue aceptar que en toda empresa existe el rol del héroe y el villano de la película. Pepe había sido cuidadoso para que las decisiones incómodas no dañaran su imagen, pero no reparó en las consecuencias que esto me traería. Al cumplir mi primer año, decidió capacitarme en un Programa de Gestión para Líderes. Era la primera vez que tenía la oportunidad de asistir a este tipo de formación. De paso, fue así como conocí a Leoncio, de quien me referí en capítulos anteriores.

Los tiempos cambiaron, el mercado de telefonía celular creció y, con ello, la competencia. Estos cambios terminaron impactando en la empresa, porque el mercado cada vez era más competitivo, por ello empezamos a perder oportunidades. Como era previsible, los ingresos disminuyeron, tuvimos que acceder a crédito y empezamos a reducir la plantilla. A pesar de mis esfuerzos por comunicar al personal la situación, ellos no repararon en la necesidad de cambiar algunos hábitos de comportamiento. Me sentía frustrado por no llegar a ellos de manera más efectiva, reparé en que mi estrategia de comunicación no había sido eficiente; sin embargo, me sentía tranquilo por haber cumplido al pie de la letra las indicaciones de Pepe. La situación fue empeorando, el clima laboral era más denso, había perdido motivación y fuerza para seguir bregando por el cambio. Después de cinco años, la situación no daba para más, así es que Pepe me explicó que no podía sostenerme y acordamos mi desvinculación. Lo que más lamento es no haber tenido las habilidades de comunicación para lograr mejores relaciones con las personas en la empresa. A modo de reflexión, mi error fue que no realicé un buen diagnóstico de la realidad, la manera en que exponía mi punto de vista carecía de sustento. Me desgastaba haciendo juicios, pero no contribuía a cambiar nada y cuando escuchaba rumores los asumía como si fueran verdad.

«La experiencia no es lo que te sucede, sino lo que haces con lo que te sucede», escribió Aldous Huxley y, vaya que no le faltó razón. Durante varios años me he preguntado, *¿qué me faltó para lograr los objetivos que me había planteado? ¿Qué pude haber hecho mejor?* Reconozco haberme instalado en varias ocasiones en el rol de la víctima, poniendo la responsabilidad para sentirme tranquilo en las demás personas, ignorando que, si no me veía como parte del problema, tampoco podría encontrar una solución.

Los conceptos que vamos a ver a continuación, tienen como propósito fortalecer tu confianza para diseñar conversaciones efectivas. Quisiera que después de leer este capítulo compartas conmigo la misma sensación que tuve cuando puse en práctica estas distinciones y, sobre todo, que puedas experimentar la satisfacción que te da sostener una conversación productiva, me estoy refiriendo al aprendizaje y al compromiso como resultado.

De la descripción a la acción

Por mucho tiempo se le ha atribuido al lenguaje un carácter descriptivo, se asumía que cuando nos referíamos a una realidad, simplemente lo hacíamos para describirla. Se le asignaba una función pasiva, que se limitaba a mostrar lo que sentíamos o pensábamos. Esta concepción cambió cuando se comprendió que nuestras conversaciones podían modificar la realidad de los demás y, a su vez, construir nuestra propia identidad. Si nos remitimos a mi ingreso a la empresa de Pepe, cuando conversé con el personal y les expresé mis intenciones de hacer *mejoras*, ignoraba que en ese instante estaba cambiando la realidad de ellos. No solo describía algo, sino que estaba interviniendo el curso de sus acciones futuras Me imagino pensamientos como: «¿Estás diciendo que nos vas a quitar lo que nos hemos ganado?» «¿Cómo te atreves a cambiar lo que nos ha funcionado tan bien?»

Las acciones hablan

Uno de los aprendizajes más importantes en las conversaciones, es el referido a los Actos lingüísticos, que presenta Rafael Echeverría.[1] La primera vez que los escuché fue en el 2011, durante mi formación como *Coach Ontológico*, no tenía la más mínima idea de qué se trataba. Lo que más me quedó grabado fue que estaban presentes en todas las conversaciones y en todos los idiomas. ¿Cómo es eso posible? Quiere decir que, una vez que los aprendes, no podrás dejar de escucharlos de manera consciente. ¿Recuerdas la sensación que tuviste cuando viste por primera vez una película en HD?, después de eso nada volvió a ser igual, estoy seguro. Los actos del habla están conformados por: *Las afirmaciones, las declaraciones, los pedidos, las ofertas y las promesas.* Existe un tipo de acto lingüístico que pertenece a las declaraciones que llamamos los *juicios*.

Las afirmaciones

En una de mis sesiones de capacitación *online*, les pedí a dos participantes que me describieran lo que había a su alrededor. El primero expresó: «estamos en una capacitación virtual» El segundo refirió: «Todos estamos atentos a la capacitación». La primera expresión reúne las condiciones para considerarla

---

1 Rafael Echeverría, Ontología del lenguaje., Dolmen Ediciones, S.A. Sexta edición, Santiago

una afirmación; es algo que todos los que estamos en la sesión podríamos validar, mientras en la segunda, no es posible hacerlo, ya que se trata de una evaluación que hace la persona sobre la sesión. Por lo tanto, decimos que una afirmación es una descripción de la realidad que se puede verificar (un hecho) que puede ser verdadera o falsa.

¿Por qué es importante?

Como líder debes tomar decisiones todo el tiempo con base en hechos. ¿Te imaginas que es lo que ocurre cada vez que decides sobre una afirmación falsa? Además, ¿qué imagen puedes formarte de una persona que lo hace? Ivonne Hidalgo, una gran maestra de *coaching*, tuvo la gran idea de convertir esta distinción en una competencia llamada *Gestión de la Realidad*. Es decir, que todo líder necesita aprender a trabajar con la información que tiene a mano, con datos relevantes, en otras palabras, *con lo que hay*, no con lo que nos gustaría que hubiera. «El que no maneja la realidad en la que está actuando, es tremendamente vulnerable y seguramente incompetente»[2]

Las Declaraciones

Alguna vez has dicho: «A partir del lunes empiezo la dieta» o «Este año seremos el mejor equipo». A esto, Rafael Echeverría le llama, declaraciones. Son actos del habla que generan una nueva realidad. Esta distinción ontológica es empleada en nuestras conversaciones y es probable que no te hayas dado cuenta del impacto que genera. Su poder proviene de la autoridad que le concede otra persona o una comunidad. Por ejemplo, cuando un sacerdote dice a una pareja: «los declaro marido y mujer», se trata de una declaración *válida*. Si esto lo dijera su amigo, estaríamos hablando de una declaración *inválida*, por la falta de autoridad que tiene, en ese contexto, para ellos.

---

2   Ibid.

¿Por qué son importantes?

Su importancia radica en el poder que genera la autoridad, como señalé, pero, además, resulta aún más relevante por el compromiso que lleva implícito. Un líder que declara que trabajará junto a su equipo para lograr mejores resultados, se está comprometiendo y lo mínimo que esperará la gente, será que cumpla, ¿no es verdad? Veamos cuáles son algunas de las declaraciones fundamentales:

La Declaración del «No»	Es una declaración que compromete la dignidad de la persona y le concede autonomía. Además de ser un derecho irrenunciable, habla del respeto que sentimos por nosotros mismos.
La declaración de Ignorancia	Cuando decimos «no sé», se abre automáticamente una puerta al aprendizaje. ¿Recuerdas qué dijiste cuando te preguntaron en tu trabajo por algo que no sabías? Es el paso previo al aprendizaje transformacional.
La declaración de aceptación: «Sí»	Es una declaración que habla del compromiso de la persona. ¿Cuántas veces dijiste Sí y luego no cumpliste?
La declaración de gratitud	Habla del reconocimiento a todo lo que hemos recibido y del respeto por las relaciones con otras personas

Existen otras declaraciones no menos importantes como son: *el amor y el perdón.*

Pedidos, Ofertas y Promesas

Lo primero que escuché cuando algunos de mis maestros se referían a estos actos lingüísticos fue, «los pedidos y las ofertas hacen que las cosas pasen». Las veces que he compartido estas distinciones en mis sesiones, salen a relucir las dificultades que tenemos los seres humanos para pedir u ofrecer. Por ejemplo, si juzgas que tienes una mala relación con tu pareja, podrías *pedirle* que te hable de otra manera y a la vez ofrecerle que vas a escucharla con mayor atención. En el contexto empresarial, puedes darle retroalimentación sobre su desempeño a tu colaborador y pedirle nuevos estándares. Luego, para que un pedido o una oferta se convierta en promesa, requiere de la aceptación de la otra parte. ¿Qué pasaría si en lugar de hacer seguimiento a las tareas, hicieras seguimiento a las promesas? Cuando tomé consciencia de esta pregunta poderosa, muchas cosas cambiaron, sobre todo porque cada vez que una persona se compromete, pone en juego su integridad. Haz la prueba de reclamarle a alguien que te hizo una promesa y no cumplió, estoy seguro de que responderá desde la culpa o la vergüenza, disculpándose. También podría reaccionar con cinismo, en ese caso, su acción hablará por sí sola sobre el tipo de persona con la que estás trabajando. Los pedidos y ofertas son llamados también *Conversaciones para la Acción*, de esto hablaremos en el siguiente capítulo.

Los juicios

Son como las ventanas del alma, que revelan el tipo de persona que estamos siendo cuando los emitimos. Son valoraciones que les atribuimos a las personas, a las cosas, que expresan nuestros gustos y preferencias. Tienen la particularidad de que viven en la mente de cada persona y poseen una temporalidad. Permíteme ilustrarte con un ejemplo sencillo. Si viajas por trabajo y la empresa te envía por lo general a un hotel de tres estrellas y después tienes la oportunidad de alojarte en uno de cinco estrellas, será inevitable que cuando vuelvas al de tres, comentes: «el servicio de este hotel no es tan bueno». Lo que hacemos las personas es comparar lo que vemos en el presente con lo que vimos en el pasado, porque nos preocupa el futuro, así funciona.

¿Por qué son importantes?

Cada vez que tomamos una decisión sobre un juicio, existe una gran responsabilidad de por medio. Por ejemplo, cuando se selecciona a una persona para un puesto en una empresa, se aplican una serie de procesos de evaluación y entrevistas. Al final, el área de selección propone una terna sobre la que el Gerente de área tendrá que elegir finalmente a una. El Gerente está confiando en el juicio de la persona que decidió la terna y a su vez la empresa confiará en el juicio que haga dicho Gerente. Los *juicios* pertenecen a la familia de las declaraciones, porque al emitirlos abren o cierran posibilidades, generan realidades distintas. Una de las preguntas típicas es: ¿Qué haces como líder si alguien de tu equipo te lanza un comentario como este?: «Pedro, el nuevo integrante del equipo, es un irresponsable». Lo que sugiero en estos casos es hacer lo siguiente:

- Preguntarle por qué y para qué te lo dice. ¿Cuál es el propósito?
- Dile si tiene evidencias que sustenten lo que dice.
- Cuando dice que es irresponsable, ¿se refiere a que es irresponsable como persona?, ¿o lo dice por algo en particular?

- Si te dijera que existen más personas del equipo que hablan positivamente de Pedro, ¿seguirías pensado igual?

- Entonces, ¿qué opinas ahora?

A través de estas preguntas, tenemos la posibilidad de declarar un juicio como fundado o infundado. Normalmente, les digo a mis clientes «cuidado con comprarte los juicios de la gente»

¿Cómo puedes aplicar los actos lingüísticos?

Podemos seguir hablando como siempre lo hemos hecho y es probable que nos perdamos información valiosa para la toma de decisiones. Te voy a mostrar, a través de unos ejemplos, qué sucede cuando puedes distinguir la presencia o la falta de estas distinciones en las conversaciones: Podemos emitir un juicio y pretender que sea escuchado como si fuera una verdad. A esto se le denomina *opinión tóxica* y es la causante de algunas malas relaciones en el trabajo y la familia. Por otro lado, es común hacer declaraciones como: «Vamos a convertirnos en la empresa número uno» y luego verificar que todo sigue como antes, generando desilusión en las personas. Me he encontrado en situaciones en las que una persona asegura que hizo un pedido y luego se enoja porque no le cumplieron. Veamos: El colaborador le dice al jefe «¿Tú piensas que sería posible obtener una mejora en mis ingresos?», el jefe contesta, «si, lo veo factible», entonces el colaborador se va feliz, asumiendo que se va a concretar la promesa, pero luego nada cambia. En el siguiente capítulo hablaré de la manera en que se deben realizar los pedidos.

Buscando encontrarle sentido a los resultados que obtuve en la empresa de Pepe, diría que tenía una «ceguera», no era consciente de la presencia de los actos de habla en las conversaciones. Por esta razón, me afectaba que las personas emitan juicios y los tomaba como si fueran verdades. Te invito a explorar juntos todo lo que podemos lograr aplicando los actos del habla en nuestras relaciones interpersonales.

El modelo de comunicación ontológico

Una vez que hayas incorporado los actos lingüísticos tendrás la posibilidad de comunicarte con mayor efectividad. Se dice que todo lo que pasa ocurre en el marco de una conversación. Siguiendo este principio, podemos distinguir dos tipos de lenguaje: *el descriptivo y el generativo*. El *lenguaje descriptivo* se utiliza para hablar de lo que pasa y de lo que pasó y emplea solamente afirmaciones y juicios. Sirve para hacer un buen diagnóstico, pero no está orientado a solucionar los problemas. Te voy a poner un ejemplo del deporte para hacerlo más didáctico. El entrenador se encuentra con su equipo en una charla técnica, muy enojado y levantando la voz, les dice: «El equipo el día de ayer perdió 3 a 0, tuvimos un expulsado y dos lesionados (afirmaciones). Me cuesta creer que no tengan orgullo, actuaron como principiantes, sin amor a la camiseta (juicios)». Lo más probable es que con esto únicamente consiga revivir ese mal momento y «restregar un poco las heridas», pero nada cambiará el resultado. Volvamos a ponernos en el escenario de esta misma situación; sin embargo, esta vez empleando el lenguaje generativo, las palabras del entrenador serían: «Lamento mucho la derrota, sé cómo se deben sentir en estos momentos. Lo que quiero pedirles es que nos hagamos cargo de nuestras falencias y trabajemos esta semana en replantear la estrategia para los siguientes partidos, ¿están de acuerdo?». No quiero decir con esto que uno es mejor que el otro, aunque, podemos darnos cuenta de que cada uno de estos lenguajes tiene objetivos e impactos diferentes.

Por lo general, el estilo autoritario está más cercano a emplear un lenguaje descriptivo, en el que solo relata los hechos y añade sus opiniones, algunas tóxicas. Me hubiera encantado conocer esto cuando estuve en la empresa de Pepe, porque me habría permitido diagnosticar mejor la situación y emitir juicios o evaluaciones con fundamento, además de hacer pedidos y ofertas para comprometer a los equipos a sumarse al cambio. En resumen, el modelo de comunicación ontológico prioriza la efectividad por encima de la razón, la proactividad, antes que la reactividad. Recuerda que para aplicar este modelo debes considerar que los actos del habla quedan distribuidos de la siguiente manera:

LENGUAJE DESCRIPTIVO		LENGUAJE GENERATIVO
Emplea afirmaciones y juicios. El compromiso es describir, explicar o justificar lo que pasa o lo que pasó.	>	Emplea declaraciones, pedidos, oferta y promesas. El compromiso es hacer que las cosas pasen.

Ejercicio:

Imagina que estás en una reunión y un miembro de tu equipo dice lo siguiente: «No estamos logrando las metas del año» ¿Cómo responderías empleando un lenguaje descriptivo y cómo sería si empleas el lenguaje generativo?

Situación	Lenguaje Descriptivo	Lenguaje Generativo

Ya hemos visto cómo influyen los modelos mentales y las emociones en nuestras conversaciones. Creemos que la manera en que hablamos es suficiente para dejarnos entender. ¿Te imaginas los *dolores de cabeza* que te puedes ahorrar si empiezas a poner en práctica estos aprendizajes? Por eso te dejo algunas recomendaciones que me han servido para mejorar la comunicación:

- Cuando converses con tu interlocutor, conecta con sus emociones; debe sentir que le prestas atención y que te importa lo que él te dice también.
- Acompaña tu escucha con ligeros movimientos de cabeza.
- Conecta con su emoción y haz expresiones que lo demuestren.
- Muestra empatía. Intenta comprender lo que dice aun cuando no estés de acuerdo.

- Realiza tu exposición sustentando por qué dices lo que dices.

- Indaga, empleando preguntas abiertas, cuando no te quede claro lo que estás escuchando.

- Comparte con él cómo te está impactando lo que escuchas.

- Indaga sobre cómo le está impactando a él lo que dices.

Asumir un cargo como el que tuve en la empresa de Pepe, me dio grandes aprendizajes en cuanto a la comunicación. El precio que pagué por no saber expresar mis sentimientos y pensamientos fue muy alto. Durante mi experiencia laboral, me ha tocado relacionarme con jefes que se jactaban de su gran conocimiento técnico, pero carecían de habilidades para comunicarse y el gran perjudicado terminaba siendo el equipo. Las herramientas que te he dado a conocer no garantizan que serás un experto en comunicación cuando finalices el libro, la mejora dependerá de tu disposición a llevarlas a la práctica. Recomiendo que anotes los aspectos que te han funcionado y los que no, también, de esta forma podrás realizar ajustes en la aplicación. Recuerdo a uno de los Gerentes a quienes tuve el gusto de asistir mediante *coaching*, quien al ver mejoras en su comunicación me dijo: «Martín, me he dado cuenta de que el *coaching* ha funcionado, porque veo que la gente ha cambiado» Yo le expresé: «¿No será que el cambio se produjo en ti y como consecuencia de ello, ahora lo ves distinto?» Esto comprueba que, si sigues empeñado en que los demás cambien, mejor empieza por ti y luego observa.

En este capítulo reflexionamos sobre:

- El poder del lenguaje.

- Los actos lingüísticos presentes en todas nuestras conversaciones.

- El modelo de comunicación ontológico.
- *Tips* para lograr efectividad en tu comunicación.

A medida que vamos transitando esta vía de aprendizajes, alternando el **Switch del líder**, habrás notado que existe la posibilidad de accionar con mayor poder para alcanzar tus objetivos. Cada una de las historias que te he compartido deben servir para que extraigas lo que aporte valor a tu liderazgo y con ello beneficiar a tus equipos de trabajo. En el siguiente capítulo voy a referirme a una herramienta vital para potenciar aún más tus relaciones. Creo que si sigues los pasos que te voy a proponer, conseguirás un mayor impacto positivo en tu gestión, cualquiera sea el campo en el que te encuentres. Te invito a acompañarme a aprender cómo *Obtener el compromiso* de los equipos que lideras.

OBTÉN EL COMPROMISO 5

«El compromiso es lo que convierte una promesa en realidad».

-Abraham Lincoln

«Las palabras se las lleva el viento», dice un viejo proverbio. Pero, ¿qué interpretación le podemos dar a esta expresión en la actualidad? Recuerdo cuánto valor tenía la palabra de una persona que se comprometía; he escuchado a muchas personas de generaciones pasadas decir: «no necesito un papel firmado, la palabra basta». Ahora, vemos que cada día se requieren más controles para asegurar que se cumpla con las condiciones acordadas. ¿Qué pasó con la confianza?, ¿por qué las promesas terminaron perdiendo valor? Lograr el compromiso de los equipos sigue siendo uno de los mayores desafíos de los líderes. Algunos apelan al poder como primera opción y a pesar de ello no obtienen respuesta. Otros creen que empleando el miedo pueden lograrlo, confundiendo el compromiso con la obediencia.

Si observamos las relaciones de pareja, podemos apreciar que dos personas que se juraron amor eterno y se comprometieron para siempre, terminan su relación, entre otras razones, porque la vida que llevaban no guardaba correlación con la promesa que se hicieron. Me ha llevado mucho tiempo entender cómo funciona el ciclo de coordinación de acciones creado por Fernando Flores,[1] una dinámica que resume la forma en que las personas pueden lograr compromisos, a través de las conversaciones, teniendo como eje principal a la confianza. El propósito de este capítulo es contribuir a que las personas ejerzan su liderazgo a través del compromiso que generen con sus equipos de trabajo.

«Estoy cansado de repetir lo mismo a mi gente y que no cumplan sus promesas». «Hemos perdido a nuestro mejor cliente porque dice que le hemos fallado». «Terminé la relación con mi pareja porque traicionó el compromiso que teníamos». Estas son algunas de las frases que he recogido en mis conversaciones de *coaching*. El factor común en dichas expresiones es la interpretación hecha desde un observador que valora la promesa y juzga que la confianza tiene *saldo insuficiente* para sostener la relación.

La propuesta

Corría el año 2009, estaba empezando mi emprendimiento como consultor y tenía claro que quería ser capacitador de

---

[1] Conversations for Actions and colleted Essays, Dr. Fernando Flores, 2012

empresas, hasta ahí todo bien. Pero había un *pequeño inconveniente*, nadie me conocía en el mercado, tampoco tenía una estrategia para ingresar. En ese escenario, un amigo consiguió un contacto en una empresa consultora internacional que estaba buscando una propuesta de integración para todo el personal, ya se imaginan, era la gran oportunidad de empezar con un gran proyecto. La verdad es que no estaba tan seguro de hacer una propuesta de esa magnitud, por esa razón contacté con dos amigos que ya tenían un poco más de experiencia haciendo eventos de motivación. Teníamos poco tiempo para preparar la propuesta, así es que nos pusimos a trabajar con mucho entusiasmo. Incluimos algunas actividades que podrían encajar con el pedido, aunque para mí no estaba claro qué era lo que estaban buscando. Trabajamos sin parar durante tres días, estaba seguro de que habíamos hecho una gran propuesta. Las diapositivas tenían color, la música y los videos eran de primer nivel. Quedamos muy impresionados y listos para hacer la presentación.

Al día siguiente nos dirigimos a la empresa donde nos esperaba la Gerente de recursos humanos, con quien solo había tenido contacto por email. Me sentía nervioso, pero allí estaba junto con mis compañeros del proyecto. Llegado el día, fuimos a la reunión, ingresamos a la oficina y nos pusimos cómodos para empezar la exposición. Iniciamos la presentación y mientras mis compañeros intervenían, yo miraba de reojo el rostro de la Gerente, quien no mostraba señales de agrado, lo cual me empezó a preocupar. Al finalizar la presentación, la Gerente tomó la palabra y nos dijo sin *temblarle el pulso*: «Muy bonito trabajo, imagino las horas que debe haberles tomado montar toda esta presentación, es realmente impactante». En ese momento la sangre volvió a mi cuerpo. «El inconveniente es que no me sirve para lo que necesitamos. Yo buscaba una propuesta de Cambio Cultural y ustedes me trajeron una jornada de integración. Lo lamento mucho, pero no tengo nada más que decir». En ese momento mis compañeros y yo nos quedamos mirándonos, no teníamos argumentos para justificar lo que hicimos, solo atinamos a disculparnos y nos retiramos. ¿Cómo explicar lo que pasó? ¿Qué fue lo que no tuvimos en cuenta? ¿Qué aprendizaje sacamos de esto?

«Las insatisfacciones que tenemos en nuestras relaciones, generalmente provienen de conversaciones poco efectivas o por falta de ellas». Cuando escuché esta reflexión hecha por Bob Dunham, un maestro norteamericano, a quien tuve el honor de conocer en una de mis formaciones de *coaching*, empecé a cuestionar la manera en que realizaba mis conversaciones y las de otras personas. Respondiendo a las preguntas sobre el aprendizaje que tuvimos en la presentación de la propuesta a la empresa consultora, diría que no tuve en cuenta las condiciones del pedido que me hizo la Gerente de recursos humanos. Quizá por la emoción que generó ese primer pedido, pasé por alto una serie de detalles que finalmente generaron un resultado negativo para nosotros. Te invito a pensar, ¿cuántas veces te hicieron una promesa y luego te enojaste porque no cumplieron? ¿Cuáles son las consecuencias en una relación?

Liderazgo y compromiso

La mayoría de definiciones sobre liderazgo coinciden en resaltar la capacidad que tiene el líder para lograr el compromiso de las personas y llevarlas a compartir un mismo resultado. Cuando hablamos del líder salen a relucir la interrogante si nace o se hace. A juzgar por los autores que he seguido, por los maestros y las horas de conversación que he realizado con ejecutivos de muchas empresas, opino que el liderazgo es una habilidad que se desarrolla con la práctica. A lo largo de treinta años trabajando dentro y fuera de las organizaciones, he sido testigo de los más diversos estilos, así como de las confusiones que genera el concepto. Desde lo que creen que tener un cargo los convierte automáticamente en líderes y adquieren el derecho de mirar a sus colaboradores de arriba hacia abajo, hasta quienes anteponen la popularidad por encima de su deber. Por eso considero que promover a una persona a jefatura sin haber sido capacitado en habilidades blandas, es como encender un explosivo con *mecha corta*; no habrá tiempo para huir y evitar la onda expansiva de sus decisiones, será inevitable.

¿Por qué fallan los líderes?

Desde mi rol como *coach* he estado al frente de diferentes líderes que fueron enviados a un proceso de *coaching*, en gran parte, por las necesidades que tenía la empresa de potenciar sus capacidades y lograr los objetivos. Por lo general, los ejecutivos que he acompañado a través del *coaching*, poseen conocimientos técnicos, pero no han desarrollado habilidades blandas. Las referencias que me daban sus jefes eran: «Es un excelente ingeniero, pero no sabe llegar a las personas». «No controla sus emociones». Cuando nos referimos a un equipo de trabajo, observamos que las motivaciones de sus integrantes dependen mucho del ambiente que perciben y, en gran medida, en esto influye el estilo de cada jefe. Por ejemplo, una persona puede ingresar a un equipo con mucha motivación, con deseos de comprometerse; sin embargo, el estilo de liderazgo que perciba en el líder, puede impactar negativamente en su comportamiento. He visto cómo muchos líderes se quejan de la falta de compromiso de su gente, como si ellos no tuvieran nada que ver con eso. La falta de cercanía, la manera como se comunican y la falta de reconocimiento terminan siendo los ingredientes determinantes de un equipo disfuncional.

¿Cómo comprometer y motivar a los equipos?

Las personas quieren sentir que son tratados por sus líderes, como les gustarían que a ellos los trataran. Esto es algo esencial que lamentablemente es dejado de lado, poniendo como excusa la presión por los resultados. Patrick Lencioni[2] señala que el trabajo se vuelve miserable, para los empleados, cuando:

Permanecen en el anonimato; cuando los líderes se mantienen distantes y saben muy poco de ellos. Esta situación suele verse cuando se celebran los cumpleaños en el trabajo, el jefe es el último en enterarse y encima no recuerda el nombre de la persona al momento de dar el saludo. Los miembros de un equipo valoran la humildad y el tiempo que se da el líder para interesarse por ellos.

El trabajo se vuelve irrelevante; cuando las personas realizan actividades y no tienen la menor idea acerca de lo que contribuyen, desconocen el propósito. Los colaboradores no solo necesitan que les digan qué hacer, es más importante aún saber por qué hacerlo.

Falta de medición. No saben si van por buen camino, si están cerca o lejos de la meta y esto termina por desmotivarlos. El *feedback* es una competencia necesaria en el líder, que motiva a las personas a seguir mejorando o hacer correcciones.

Te animo a emplear estas tres herramientas que te ayudarán a potenciar tu liderazgo y darle mayor sentido al trabajo que efectúa tu equipo.

---

[2] Como motivar y comprometer a los empleados, Patrick Lencioni, 1.ª edición en versión digital: junio de 2018

Las conversaciones para la acción

Durante mucho tiempo anduve con una idea equivocada acerca del compromiso. Creía que era suficiente decir lo que necesitaba y asumir que la otra parte aceptaba mis condiciones. Como lo mencioné cuando hablé del poder del lenguaje, mi aprendizaje sobre el compromiso empezó cuando incorporé en mis conversaciones los actos del habla con más consciencia, a esto le sumé el *Ciclo de la coordinación de acciones* de Fernando Flores y el *Modelo de liderazgo generativo* de Bob Dunham. Para llegar al compromiso, primero hay que comenzar por entender cómo funcionan las conversaciones para la acción, que son del tipo: *«Yo te pido» «Yo te ofrezco»*. Estas distinciones, que aparecen casi siempre en nuestras conversaciones, terminan perdiendo eficacia por nuestras creencias limitantes y en otros casos por el manejo de las emociones, que están a *flor de piel*.

¿Por qué a algunas personas les cuesta pedir u ofrecer? Algunos juzgan que pueden quedar en deuda o evitan verse vulnerables. Otros consideran que pueden incomodar o incluso sentirse rechazados. Estas creencias limitantes generan tensiones corporales y emociones que inhiben la posibilidad de hacer pedidos y ofertas. Otro factor que afecta el compromiso es pensar que se trata del cumplimiento de una orden. Me viene a la memoria cuando trabajaba en la planta industrial y me sentía mal cada vez que me retiraba antes que el jefe, como si el compromiso se midiera por las horas de permanencia en el trabajo.

Un líder debe apelar a la voluntad interna de la persona para lograr el compromiso y para esto se requiere poner conversaciones que activen su capacidad de acción.

¿Cómo lograr el compromiso de las personas?

Podemos conversar por muchos motivos, algunas personas lo hacen para tener la razón a riesgo de terminar afectando la relación. Las conversaciones funcionan mejor cuando el objetivo que se busca es la efectividad y mejor aún si se diseñan para alcanzar el compromiso. Cabe señalar que, en toda dinámica la responsabilidad siempre recaerá sobre ambas partes y lo que hagas o dejes de hacer siempre tendrá consecuencias. En la siguiente figura te mostraré cómo funciona el ciclo de coordinación de acciones.

Ciclo de coordinación de Acciones

El ciclo de coordinación de acciones

El ciclo de coordinación de acciones es un sistema de conversaciones que incluye el acuerdo y el cumplimiento de un compromiso. Tiene dos momentos importantes, el primero cuando se declara la aceptación del pedido u ofrecimiento y el segundo cuando el pedido es recibido y se declara satisfacción por el cumplimiento de las condiciones. Consta de cuatro fases: *la Preparación, la Negociación, la Realización y la Evaluación y como eje fundamental se encuentra la Confianza.*

La preparación

Cada vez que necesitamos entablar una conversación, es relevante que el interlocutor tenga información que le permita entender la preocupación que nos ha generado acercarnos a él. Si tomamos como referencia el pedido que me hizo la empresa consultora, es evidente que la información que recibí no fue suficiente para hacer un buen diseño. Esta etapa es clave porque refuerza el entendimiento de la necesidad del pedido o de la oferta. Por lo tanto, recomiendo que cada vez que tengas la necesidad de coordinar acciones con otra persona, tengas claro qué necesitas de ella y cómo puedes sensibilizarla de dicha necesidad.

He observado que algunos líderes tienen dificultades para lograr que las personas cumplan sus compromisos. Una de las causas puede atribuirse a que no hacen un adecuado contexto. Imaginemos que un líder poco asertivo desea que su equipo se quede a trabajar fuera de hora, por una emergencia. Podría decir: «las cosas se han puesto difíciles y es necesario contar con todo el equipo». Si yo fuera uno de sus colaboradores podría decir, «es cierto, las cosas están complicadas» y luego me retiro. Mientras que, si preparo un contexto más apropiado, podría plantearlo de la siguiente forma: «Como saben, hoy hemos tenido un incidente que nos impide cumplir con la meta que nos comprometimos con la gerencia y esto pone en riesgo todo el esfuerzo que hicimos durante el mes. Es por esto que...» y a continuación vendría el pedido. Si yo escuchara decir esto a mi líder, estoy seguro de que me sensibilizaría y por lo menos evaluaría quedarme a poner el hombro.

La negociación

Cada vez que queremos lograr un resultado que no podemos conseguir de manera individual, surge la posibilidad de realizar un pedido a otra persona, porque juzgamos que podría satisfacerlo. *Los pedidos y las ofertas hacen que las cosas pasen, pero le agregaría, siempre y cuando sean formulados bajo una estructura sencilla pero potente*. A continuación, te explicaré todo lo que deberías tener en cuenta cuando formules un pedido:

- *Cliente*: La persona que hace el pedido.
- *Ejecutor*: Quien realiza el pedido.
- *Condiciones de satisfacción*: Lo que satisface al cliente.
- *El contexto de obviedad*: Lo que significa para cada uno.
- *El plazo*: El tiempo en el que se debe cumplir la promesa.
- *El trasfondo de confianza*: El juicio que se hace acerca del cumplimiento.

Pensemos en el pedido que nos hicieron y no logramos satisfacer. La empresa se convirtió en el cliente, nosotros en ejecutores. Las condiciones de satisfacción eran, obtener una propuesta de integración y motivación para todo el personal (nosotros le dimos una propuesta de fortalecimiento cultural), el contexto de obviedad fue que asumimos que hablar de integración era lo mismo que fortalecimiento de la cultura. Después de lo sucedido nuestra cuenta de confianza quedó disminuida.

En una negociación ambas partes buscan obtener un compromiso. Un pedido u oferta se convierte en promesa cuando se obtiene la aceptación de la otra parte. Pero, ¿por qué cuesta tanto cumplirla? En mi experiencia, un aspecto recurrente que frena el compromiso suele ser la ambigüedad al hacer el pedido. No es lo mismo pedir un café caliente que un café elaborado a una temperatura de noventa grados centígrados. A veces, en tono de broma, suelo decir que todas las parejas antes de casarse deberían incorporar estas distinciones, de tal manera que puedan entender mejor qué están aceptando.

La Realización

Una vez que los ejecutores aceptan el pedido, acto seguido surge la promesa, que se hace cargo de todas las condiciones de satisfacción del cliente. Regresando al caso de la consultora, cuando acepté hacer la propuesta, el cliente esperaba que cumpliera con lo que necesitaba; sin embargo, mi promesa no se hizo cargo de sus necesidades. En esta fase es cuando normalmente se producen las quejas y los reclamos. Las quejas son reacciones emocionales que están basadas en las expectativas que cada individuo tiene. Por ejemplo, cuando nos quejamos de una mala atención, habría que preguntarnos qué fue lo que entendimos que recibiríamos a cambio. En algunas discusiones de pareja suele escucharse: «Ya no me quieres como antes» y la pregunta sería, «¿qué esperabas de la otra persona?».

Cuando nos referimos a un reclamo, quiere decir que antes hubo una promesa que no se cumplió. Lo primero que debemos hacer cuando se genera un reclamo es verificar la conversación previa, es decir, las condiciones que satisfacen la promesa. Por ejemplo, si le digo a un cliente que estaré mañana a las 8:00 am en su oficina y llego a las 8:30 am., el cliente tendrá todo el derecho de reclamarme y mostrarme el perjuicio que le ocasioné. Por lo tanto, en esta fase de realización es muy importante hacer un seguimiento que minimice el riesgo de incumplimiento. Todas estas interacciones que se producen en esta etapa de coordinación de acciones tienen un impacto directo en la confianza. Puedo afirmar que después del lamentable episodio que tuvimos con la consultora, la confianza quedó reducida, tanto así que no volví a tener contacto con la Gerente de recursos humanos.

La evaluación

Es frecuente ver en una coordinación de acciones, que cuando se cumple con la promesa, se deja de lado la declaración de satisfacción del cliente. Por ejemplo, si hubiésemos llevado a cabo el evento de la consultora, al finalizar buscaría a la Gerente de recursos humanos para verificar que quedó satisfecha con el servicio, en otras palabras, comprobar si piensa que cumplimos con la promesa. Muchas veces obviamos esta fase y es probable que nunca nos enteremos por qué el cliente no volvió a llamar.

Podemos concluir que coordinar acciones es el medio para lograr el compromiso anhelado en cualquier relación. Te pido que evalúes la calidad de tus resultados y repares en lo siguiente: Cuando hagas un pedido, observa más allá de la respuesta, fíjate en el lenguaje corporal de la persona, en la emoción que expresa, el tono de voz, el discurso que trae. Ten en cuenta, además, el nivel de confianza que tienes con ella, es decir, si crees que es honesta, competente y te da la seguridad de que cumplirá su promesa. Cada vez que juzgues que hay falta de compromiso en la otra persona, primero pregúntate: «¿cómo he contribuido a que esto suceda?», «¿qué faltó en la conversación?». Estoy seguro de que encontrarás en cada respuesta los aprendizajes que agregarán valor a tus relaciones.

En este capítulo reflexionamos sobre:

- La importancia que tiene el compromiso para lograr el liderazgo.
- Tres claves para lograr la motivación y el compromiso de los equipos.
- El valor de las conversaciones para la acción.
- La coordinación de acciones como medio hacia el compromiso.

Haciendo una pausa en este camino hacia el liderazgo, he compartido historias, conceptos y herramientas, que te permitirán cambiar el *Switch* y empezar a responder con mayor consciencia a cada desafío. Nada me motivaría más que saber que conforme vas leyendo cada capítulo, empiezas a sentir que algo cambia dentro de ti y en tu entorno, tal como me ocurrió a mí. En el siguiente capítulo vamos a hablar de *Liderazgo en acción*. Tendré como invitado al CEO de una importante empresa peruana que tuve la suerte de conocer en sus inicios y que gracias a su gran visión logró inspirar a muchas personas que hoy forman parte de una empresa líder en su sector.

DEFINE TU ESTILO DE LIDERAZGO   6

«Un líder es alguien a quien sigues a un lugar al que no irías por ti mismo».

-Joel Barker

A lo largo de cada capítulo he ido narrando diferentes episodios de mi vida que han tenido los ingredientes necesarios para acercarme al estilo de liderazgo que me ha dado mejores resultados. Sería muy difícil escribir este capítulo sin haber conocido a tantos líderes que fueron, en su oportunidad, mis jefes, clientes y maestros. Ellos se convirtieron en una fuente de inspiración (algunos lo saben y otros no). Fueron los maestros que aparecieron cuando más los necesitaba. Siento que la mejor manera de retribuirles es compartiendo lo que significa ser un líder inspirador, ese que sabe tocar las fibras más sensibles de las personas para empoderarlos y crear valor para el mundo.

Este capítulo tiene como propósito, contribuir con las personas que, como yo, pensaban que los líderes eran seres predestinados. Deseo que al leerlo te invite a mover el **Switch** para tomar el control de tus acciones y convertirte en ese líder que anhelas ser. Te compartiré la entrevista que realicé con Anderson Vásquez, CEO de OLVA Courier, una empresa peruana exitosa que empezó como un gran sueño y que con gran esfuerzo y disciplina se ha convertido en un caso de éxito. Además, encontrarás conceptos y herramientas aprendidos durante muchas horas de conversaciones con diversos líderes.

¿Cuál es el mejor estilo para liderar personas? La respuesta es situacional, es decir, dependerá de lo que requiera cada desafío. Voy a poner de ejemplo al deporte para entender mejor lo que quiero decir. Desde muy pequeño acompañé a mi padre a los partidos de fútbol del campeonato local y a cuanta disciplina deportiva había. Él decía que el deporte era esencial para tener una vida sana y fortalecer los valores, fue así como él inspiró en mí, el deseo de convertirme en deportista. Jugué baloncesto desde los 10 años, fui parte de los mejores equipos locales y representé a mi país en una competencia internacional. Durante mi trayectoria deportiva conocí los más diversos estilos de liderazgo en cada uno de mis entrenadores. Sin la ayuda de ellos no hubiera llegado muy lejos. Recuerdo a mi entrenador, Fernando, quien había dirigido a Perú en la olimpiada de Tokio. Yo tenía 16 años cuando ingresé al equipo mayor de Universitario de Deportes, un club importante en mi país. A esa edad creía que me podía *comer el mundo*. Sin embargo, Fernando no me tenía en sus planes y pasé a ser parte decorativa de la banca del club durante dos temporadas completas. Mi padre decía que no me desmoralizara, que esperara mi oportunidad. El estilo de liderazgo de Fernando era autocrático, él tomaba la decisión y no había forma de persuadirlo para que cambie de opinión. Esto me enseñó que debía entrenar el doble que los demás para tener una oportunidad, hasta que la tuve. Se dio en uno de esos partidos en el que los jugadores titulares no iban a estar presentes y a Fernando no le quedó más remedio que completar el equipo conmigo. Esa oportunidad no la desperdicié y tuve un gran desempeño, reflejado en las anotaciones que hice al final. Desde esa ocasión, Fernando se dio cuenta de que podía contar conmigo. Dicen que los líderes aparecen cuando logran sacar lo mejor de ti. A pesar de que Fernando no era una persona comunicativa, me desafió a entrenar el doble para tener mi oportunidad, lo demás corrió por mi cuenta.

En el plano laboral, he tenido jefes con los que me llevaba muy bien y también otros con los que me limitaba a lo necesario para cumplir con las tareas y sobrellevar la relación. Cuando trabajé en la empresa industrial, Chevalier, que era el dueño, hizo crecer el negocio de una manera impresionante. Su estilo era autoritario, controlador, no dejaba margen para la iniciativa, para él solo era relevante ver el resultado, sin importar mucho el *Cómo*. Esto me dejó como aprendizaje que sí es posible conseguir resultados con un estilo autoritario, pero solamente funciona en el corto plazo. Recuerdo que, en una oportunidad, un participante de un taller de liderazgo me dijo, refiriéndose a ese estilo: «¿Por qué debería cambiar, si me funciona muy bien, la gente hace lo que yo les digo?» Yo le respondí, «me alegra saber que te funciona, pero les has preguntado ¿cómo se sienten?», se quedó sin palabras.

Mi experiencia con los mandos medios en las organizaciones ha sido considerable en materia de liderazgo. He capacitado a miles de supervisores, coordinadores y jefes. Entre las inquietudes más frecuentes que he escuchado por parte de ellos están: «Acabo de asumir el puesto de supervisor y no sé cómo ser el jefe de aquellos que hace poco fueron mis compañeros». «No tengo una buena relación con mis pares». En este sentido, opino que la capacidad de un líder no se mide por un ranking de popularidad, sino por el valor que agrega a su equipo. Se reconoce por su integridad y la capacidad de superar los desafíos junto a ellos.

Para hablar de liderazgo, invité a Anderson Vásquez, CEO de OLVA Courier, una empresa líder en el rubro de mensajería, que amplió sus servicios y su cobertura a nivel internacional. Lo conocí cuando fuimos compañeros en un programa de formación de líderes allá por el año de 1999. Recuerdo haber conversado en varias oportunidades con él sobre la visión que tenía y la misión que lo impulsaba a luchar por sus sueños. OLVA es una empresa familiar, a la que conocí de cerca cuando trabajé como consultor en procesos de cambio cultural y desarrollo de competencias. Después de haber sido testigo de su crecimiento profesional, sé que puede aportar mucho para entender mejor sobre temas de liderazgo, por ello les comparto esta interesante entrevista:

Anderson, ¿cómo defines el liderazgo, desde tu propia experiencia?

Desde mi punto de vista, el liderazgo es poner en movimiento todos los recursos, pocos o muchos, hacia tu objetivo. Cuando inicié mi empresa, muy pocos creían que iba a funcionar. Claro que, si tienes la visión, la perseverancia y la pasión, tienes todos los recursos necesarios para empezar tu camino.

¿Cuéntame una historia en la que hayas superado un obstáculo y te haya dejado aprendizajes para compartir?

OLVA nace y se desarrolla en una época muy complicada para el Perú. Teníamos la presencia del terrorismo, inflación alta y no éramos sujetos de crédito, las dificultades y los obstáculos eran el pan de cada día. Puedes tener pocos recursos, situaciones extremas, trabajar muchas horas diarias, pero si tienes la perseverancia de diseñar, rediseñar y entregar un gran servicio, el mercado te recompensa. Hemos logrado enfrentar esos momentos y lo mejor de todo es que los superamos. Aprendimos que, si tienes clara tu visión, y la sigues tercamente con la pasión de un fanático, porque tienes que ser fanático de tu servicio o producto, el éxito está asegurado.

¿Qué es lo que más valoras de un líder?

Lo que más valoro de un líder es cómo crea confianza en su entorno, con sus acciones, por la coherencia de sus palabras y sus acciones. Así, logra convencer a su equipo, a los proveedores y a los clientes, que acepten y adquieran sus servicios o productos.

¿Qué líderes han inspirado tu vida?

Los líderes que me han inspirado son personas tan cercanas y sencillas como mi madre, mi padre, un tío. Cada uno me entregó, con su manera de ver y enfrentar el día a día, mucha sabiduría. La humildad, la transparencia y el estar dispuesto a ayudar en la medida de las posibilidades, son valores que siempre han estado y estarán acompañándome.

¿Qué valores han sido los que han sostenido el crecimiento de tu empresa?

Como organización fijamos como fundamentales a valores como la responsabilidad, la honestidad, la puntualidad, la iniciativa, orden y justicia. Estos han sido nuestros guías para crear nuestra cultura hasta convertirse en filosofía de vida personal. Las llevamos en la práctica del día a día.

Si volvieras a empezar en tu ruta de líder ¿Qué cambiarías? ¿Qué mantendrías?

Me hice esa pregunta alguna vez, pero siempre me respondí que no cambiaría nada. Las cosas se ordenan en función a lo que quieras lograr. Soñé con hacer a OLVA una empresa nacional y se logró. Ahora, estamos trabajando para hacerla una empresa que de servicios a todo el mundo. Y, bajo esa nueva visión, estamos atrayendo todo lo necesario para lograrlo. Estoy seguro de que así será.

Después de todo lo que has vivido, ¿cómo defines el éxito?

Creo que tiene que ver con cómo te sientes cuando logras algo. Cuando terminas de leer un libro, cuando logras aprender a nadar, cuando inicias el día y cómo lo terminas, cuando terminas un curso, cuando ves a tus hijos lograr sus objetivos, cuando te dicen que te quieren, que te aman, cuando dices que amas, entre otras cosas, que son las visiones que has ido cumpliendo y logrando.

¿Qué recomendarías a los líderes que sueñan algún día con ser empresarios exitosos?

Les recomiendo soñar mucho, no dejen de hacerlo, pero, sobre todo, tener el valor de hacerlo realidad con terquedad y mucha pasión.

He tenido ocasión de observar el trabajo de Anderson. Lo describo como una persona sencilla, con gran visión, que tuvo la capacidad de enrolar a personas que compartían su mismo propósito. Como bien refiere Peter Senge,[1] «las personas más efectivas son aquellas que pueden mantener su visión mien-

---

1 https://triplead.blog/2018/01/25/10-citas-famosas-de-peter-senge/

tras se mantienen comprometidas a ver la realidad actual con claridad». Como toda empresa familiar, ha requerido mucho aprendizaje para gestionar la dinámica que se genera cuando se comparte las labores profesionales con las familiares. Valoro mucho la perseverancia y disciplina que puso en juego para llevar a la empresa al nivel en el que hoy se encuentra. Como dice el refrán popular, «fácil es llegar, difícil mantenerse». Me identifico con él cuando dice que, al inicio, dudaban que pudiera tener éxito. Pareciera que cuando te encuentras con personas cercanas de tu entorno, que te dicen «no lo hagas, piensa bien», genera más motivación la posibilidad de lograrlo. Rescato la grandeza de Anderson que le ha permitido darle oportunidades a muchas familias de todo el país. Me estoy refiriendo a personas que lo acompañan desde un comienzo, ahora como franquiciados, y que también fueron inspirados por su sueño, llamado OLVA. Muchas gracias por acompañarme a través de tu historia de ejemplo para muchos *soñadores* que, como tú, van camino al éxito.

El escenario cambiante que vivimos le ha dado mayor poder al liderazgo, de ahí el valor que tiene actualmente. No es posible hablar de estilos sin hacer referencia al contexto situacional y al comportamiento cambiante de las personas. Rafael Echeverría[2] hace una interesante descripción de las transformaciones que ha sufrido el trabajo, empezando por el estilo de mando y el control para atender los problemas de productividad en la industria. En los inicios el siglo XIX surge la figura del *Capataz* para asegurar el cumplimiento del trabajo manual y, aunque parezca increíble, existen aún empresas que valoran esa modalidad, que privilegia los resultados por encima

---

2   Echeverría, Rafael, la empresa emergente, la confianza y los desafíos de la transformación.- 1a. ed. 7a reimp. Buenos Aires: Granica 2010

de las personas. Mucha *agua ha corrido bajo el puente* desde entonces, para entender la necesidad de transformación que tienen las personas que encarnan el rol de líder. Permítanme presentarles algunos conceptos y distinciones que ayudarán a comprender mejor el rol que tiene en la actualidad el *Líder en Acción*.

¿De dónde proviene el estilo de liderazgo?

Si llegaste hasta aquí, creo que estás en capacidad de entender mejor los términos que emplearé para explicar el concepto de líder. Me voy a referir de manera sencilla a algunos modelos de liderazgo que me han funcionado con el propósito de ayudar a las personas a lograr sus objetivos.

Como vimos en los primeros capítulos, somos observadores particulares del mundo, de tal forma que podemos ver una misma situación desde perspectivas distintas. Sandra Rozo[3] plantea un modelo interesante sobre los tipos de observador y el liderazgo. Rozo señala que el líder puede intervenir desde el rol del participante o desde el rol del espectador, es decir, describe al líder que interviene en lo que observa y al líder que solo observa y desde ahí, cuestiona. Por otro lado, señala que el líder puede manejarse desde las perspectivas del *Yo* y la del *Nosotros*. En la siguiente figura podrán apreciar la Matriz del Observador, desde donde se generan los estilos de liderazgo: *Autoritario, Coach, Coercitivo e Innovador*.

---

3   Rozo, Sandra. El observador que soy, la clave para transformar tu liderazgo, 1Ed. - Medellín. Eiconex International Editorial 2019

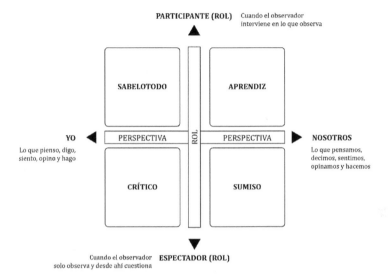

Líder Autoritario

A partir de este modelo, podemos darle sentido al comportamiento de un jefe *autoritario*, quien dirige y controla desde el punto de vista de un *observador sabelotodo* y desde el *Yo*. No me estoy refiriendo a estilos puros, tampoco a juzgar como bueno o malo el estilo de este líder. Reconozco que, personalmente, me ha costado relacionarme con ellos; sin embargo, me queda claro que un estilo autoritario será necesario, en situaciones de crisis, y apelará a la toma de decisiones inmediatas. El costo se reflejará en las encuestas de clima laboral y en la baja contribución de las personas, por su falta de creatividad e iniciativa.

¿En qué situaciones de tu vida reconoces este estilo de liderazgo?

Líder Coach

Imagina que trabajas con un líder que tiene la capacidad de escucharte, que se relaciona de manera fluida con el equipo. Además, inspira confianza en sus acciones y motiva permanentemente, se escucha genial, ¿no es así? Este estilo proviene de un observador que actúa desde el rol del *Aprendiz* y desde la perspectiva del *Nosotros*. Bajo este contexto, se trata de un estilo de liderazgo que funciona muy bien en situaciones de conflictos e impacta positivamente en el clima laboral.

¿En qué situaciones de tu vida reconoces este estilo de liderazgo?

Líder Coercitivo

Ser trata de un líder en el que predomina el observador *Crítico*, que habla desde el rol del *Espectador* y desde la perspectiva del *Yo*. Seguro habrás estado en reuniones donde tienes enfrente a un líder que se conduce de manera exigente, criticando cuando no se hicieron las cosas como él las tenía presupuestadas. Es un estilo con *poco filtro* en sus conversaciones, que tiene siempre en mente superar cualquier desafío que se le presente. El costo que se paga, se evidencia en el clima laboral y en el deterioro de la confianza.

¿En qué situaciones de tu vida reconoces este estilo de liderazgo?

Líder Innovador

En el modelo, Sandra habla de un observador *Sumiso*, que actúa desde el rol del *Espectador* y desde la perspectiva del *Nosotros*. Las veces que he explicado este observador, he hecho hincapié en que no se trata de una persona retraída, sino de alguien que prefiere hablar de sus ideas innovadoras, pero que entiende que otros pueden aprovecharlas para pasar a la acción. Este estilo de liderazgo se caracteriza porque ayuda a fortalecer a los equipos cuando se requiere un cambio de visión.

¿En qué situaciones de tu vida reconoces este estilo de liderazgo?

Hemos visto cómo con estos cuatro tipos de observadores, se generan cuatro estilos de liderazgo, que tendrán impactos positivos o negativos, según la aplicación que se le dé en diversos contextos. Lo que propone Sandra es que el líder debe tomar consciencia del observador que requiere para actuar en pos de un objetivo, independientemente del observador que predomine en él. A esto lo denomina, un *Observador Ontológico*. A continuación, te presento un cuadro que resume las características de los estilos de liderazgo, asociadas al tipo de observador.

Tipos de Observador y Liderazgo

Tipo de Observador	Principales competencias Individuales	Principales competencias organizacionales	Tipo de liderazgo según la relación con su equipo
Sabelotodo "Haz lo que te digo"	Toma decisiones, dirige y controla	Dirige equipos, exige cumplimientos	- Autocrático - Dictador
Aprendiz ¿Qué opinas?	Crea armonía, sabe comunicar y construir relaciones de confianza	Motiva, equipos. Negocia conflictos	- Democrático - Coach / Tutor
Crítico "Hazlo como yo lo hago"	Establece estándares altos para el desempeño y maneja sentido de urgencia	Obtiene resultados rápidos en un equipo	- Coercitivo - Marca pasos
Sumiso "Prueba esto"	Innova, inspira, desarrolla	Moviliza a las personas hacia una visión y es catalizador	- Visionario

Autor: Sandra Rozo

Liderazgo situacional

Uno de los mayores inconvenientes que tienen las personas que tienen a su cargo equipos de trabajo, es saber cómo gestionar los comportamientos que muestran sus integrantes. ¿Cómo encontrar el equilibrio entre las tareas y las personas? El modelo de *Liderazgo Situacional* de Ken Blanchard,[1] pone el foco en tres aspectos claves: *las tareas, las personas y los momentos para liderar personas*. Además, toma en cuenta el apoyo emocional y la instrucción de la tarea. A través de estas herramientas, el líder tiene la posibilidad de acompañar a cada persona según la necesidad que perciba en un contexto determinado. Lo que suele ocurrir en algunas organizaciones es que, al momento de promover a una persona como jefe, si no está capacitado, tendrá dificultades para saber cuándo orientarse a la tarea y cuándo a las personas. De igual forma, estará más preocupado en darle la instrucción técnica y descuidará el aspecto emocional de la persona a su cargo. El modelo te ayuda a aprovechar, de mejor forma, las capacidades de las personas que conforman un equipo. Por eso, cuando escucho decir a un líder: «yo trato a todos por igual», suelo intervenir para asegurarme de que se está refiriendo al trato respetuoso y no a aplicar un mismo estilo para todas las personas de su equipo, teniendo en cuenta que tienen diferentes capacidades.

Ken Blanchard les atribuye diferentes denominaciones a las personas que transitan por cada etapa. Es ahí cuando se hace necesario activar el **Switch del líder** para estar atento y aplicar el estilo más conveniente.

Aprendices. Si tienes a tu cargo *personas con baja competencia*, pero con alto compromiso, deberás activar el *Switch* en modo *Dirección*. Es decir, poner mucho énfasis en las instrucciones que requiere el aprendiz.

---

1   Blanchard, Ken. Liderazgo al más alto nivel, Bogotá, grupo editorial Norma, 2007

Aprendices desilusionados. Las personas a tu cargo adquieren cierta competencia, pero pueden verse desmotivadas por su poca eficacia en la aplicación de las instrucciones, aquí será necesario activar el *Switch* en modo *Entrenamiento*. Ello implica que tendrás que reforzar las instrucciones, pero también el apoyo emocional y la motivación para proporcionarles mayor confianza.

Ejecutores capaces cautelosos. En esta etapa, las personas bajo tu cargo, ya deben haber adquirido mayores competencias; sin embargo, se cuestionan si van por el camino correcto, tienen dudas e inseguridades sobre si pueden operar solos. Es ahí cuando el *Switch* requiere estar en modo *Apoyo*, en el que la retroalimentación será muy importante.

Triunfadores independientes. En esta etapa final, las personas a tu cargo ya dominan el trabajo y contribuyen con ideas. Pueden resolver los desafíos que se les presentan. Aquí es momento de activar el *Switch* en modo *Delegación*. En esta fase final, el líder comparte la responsabilidad y desafía el nivel alcanzado por las personas. Es recomendable estar atento para evitar que se desmotiven si ya no encuentra nuevos retos para continuar bajo supervisión.

La acción requiere Consciencia

«Para ser eficaces debemos aprender a mirar en dos direcciones: Estar en contacto con el mundo que nos rodea y también con el nuestro propio».[2] Con esta frase, Nathaniel Branden nos trae un llamado a obrar con todos nuestros sentidos puestos en la realidad externa, sin dejar de escuchar nuestro

---

2 Branden Nathaniel. El arte de vivir conscientemente, vida cotidiana y autoconsciencia, Paidós, Barcelona, Buenos Aires, México

mundo interior. Quiero asegurarme de que hayas comprendido que todo líder requiere de estar atento a las señales que nos presenta el mundo, para saber elegir cómo responder según nuestras necesidades y valores. En otras palabras, de poco servirá si incorporas los modelos de liderazgo que te propongo, si no tienes en cuenta que tus acciones deben estar diseñadas para lograr satisfacción en tus resultados, en tus relaciones y en el bienestar personal.

Si actúas con el *Switch* en modo *Consciente*, recuerda revisar si tus resultados provienen de un *hacer* consciente. Fred Kofman,[3] define al líder como «esa persona que fija un objetivo que deberán lograr otras personas y las motiva a alcanzarlo con eficacia y compromiso interno». Te recomiendo que, cada vez que estés liderando personas y quieras alcanzar un resultado eficaz con ellas, apliques los modelos de liderazgo que te he compartido en este capítulo. Pero más importante aún, será reconocer que tienes la capacidad de reflexionar antes de actuar, de elegir cómo responder libremente en línea con tus valores y sentirte orgulloso y en paz por hacer lo correcto, aun cuando el resultado no sea el que esperabas.

En este capítulo reflexionamos sobre:

- De dónde proviene el estilo de liderazgo.
- Los estilos de liderazgo asociados al tipo de observador.
- El liderazgo situacional de Ken Blanchard y cómo activar el *Switch del Líder*.
- La consciencia y su contribución al éxito.

---

3   Kofman Fredy. La empresa consciente, Santillana Ediciones Generales, México 2011

Ahora dispones de conceptos, distinciones y herramientas que podrás utilizar con responsabilidad, para poner al servicio de otras personas. En el siguiente capítulo tendré un invitado especial, que viene del mundo del deporte, es un líder que ha inspirado a muchos jóvenes y adultos por el éxito alcanzado en los equipos donde jugó. Su nombre es Oscar Ibáñez, y actualmente es integrante del Comando Técnico del seleccionado peruano de fútbol. Te invito a activar el *Switch del Líder* de *Equipos para el éxito.*

LLEVA A TU EQUIPO AL ÉXITO 7

«Las fortalezas están en nuestras diferencias, no en nuestras similitudes.».

-Stephen Covey

Todo lo que hemos compartido hasta este capítulo, no tendría sentido, a menos de que aseguremos que tiene una aplicación práctica y revierta en valor para los equipos de trabajo. Lograr que un grupo de personas se convierta en un equipo exitoso sigue siendo otro gran desafío para los líderes. Precisamente, el propósito de este capítulo es ayudar a empoderarlos, para que sus acciones sirvan de inspiración a sus equipos y pasen del entusiasmo al compromiso. Trabajar en equipo ha sido mi hábitat natural. Desde muy joven he sido parte de muchos equipos, aun cuando sabía poco de esta habilidad que implica mucho más que compartir un espacio con otras personas. El baloncesto fue el medio ideal para entender cómo un grupo de personas, con distintos objetivos, valores y comportamientos, pueden unirse para alcanzar una meta. Muchos pueden conocer qué significa un equipo, pero no necesariamente saber cómo funciona.

Desde mi experiencia como jugador de baloncesto, recuerdo que cuando empecé a ser parte de los equipos de la liga local, mi mente estaba puesta en ser un jugador diferente, quería destacar por mi capacidad individual. Sin embargo, me daba cuenta de que mi comportamiento generaba malestar entre los otros miembros del equipo. Cuando formé parte del seleccionado juvenil de mi país, quise hacer lo mismo, hasta que mi entrenador empezó a sentarme en la banca cada vez que me salía del *libreto*. Yo renegaba con él, me tomaba las cosas de manera personal y terminaba frustrándome. Solía decir, «no entiendo por qué me castiga si soy un jugador diferente». Me costó mucho comprender que era parte de un equipo que tenía como objetivo ganar los partidos, pero juntos. Aprendí que una sola persona no hace brillar a un equipo, sino que la luz aparece cuando cada integrante entrega su cien por ciento. Objetivo y alineamiento fueron las primeras claves que aprendí.

Como capacitador y *coach* de equipos, he tenido que pasar por varias formaciones. En 2017 asistí a una certificación para *Coaching* de equipos, en Argentina. Allí conviví con consultores de otros países, recorriendo el proceso de transformación que demanda pasar de ser un grupo a un equipo de alto rendimiento. Lo valioso de esa experiencia es que los modelos teóricos cobran vida, con esto quiero decir que puedes leer muchos libros de trabajo en equipo, pero eso no es suficiente para convertirte en experto. El evento se realizó en Ramallo, una hermosa localidad ubicada a 200 kilómetros de Buenos Aires, un lugar paradisiaco junto al río Paraná. Esta experiencia me sirvió para entender cómo funciona el proceso de formación de un equipo según el modelo de cinco etapas de Bruce Tuckman. A ese evento fuimos diez personas de diferentes países, entusiasmados por aprender lo que significaba ser un *coach de equipos*. Un hecho importante fue que antes de llegar al sitio, había perdido mi celular en un taxi en Buenos Aires, yo me desconecté, pensando en todo lo que implica estar en un país extranjero, sin ese dispositivo.

Durante el trayecto a Ramallo, todos mis compañeros se solidarizaron conmigo e hicieron hasta lo imposible por rastrearlo, tanto así que lograron ponerse en contacto con el taxista y lo pudieron recuperar. El celular me lo devolvieron al día siguiente y todo volvió a su cauce. Ese incidente resultó clave para acelerar los vínculos entre nosotros. Cuando un grupo de personas descubre que tienen un propósito en común, este se convierte en el punto sólido de partida para empezar la *Etapa de Formación*. Por ejemplo, al inicio, todos intentábamos mostrar lo mejor de cada uno, no estaba en los planes de nadie molestarse, había que cuidar el «personaje» que cada uno traía consigo. Sin embargo, conforme teníamos que enfrentar desafíos y competir, empezaron algunos roces.

Las personas que eran graciosas y simpáticas al inicio, ya no tenían el mismo efecto en el grupo. El líder que elegimos al inicio, ya no era tan efectivo, empezaron las críticas, surgieron nuevos líderes. La *coach* nos hacía conscientes de nuestros aprendizajes después de cada actividad y eso nos servía para no cometer los mismos errores. Sin saberlo, habíamos transitado la *etapa de tormenta*. El grupo había empezado a conversar de una manera más efectiva, podíamos discrepar y resolver nuestros conflictos para buscar acuerdos. Nos dimos cuenta de que más allá de nuestros estilos, estábamos juntos para lograr una meta.

Este proceso de madurez, que tuvimos a mitad de la formación, fue clave para alinearnos hacia la meta, habíamos experimentado la *etapa de normalización*. Nos hicimos conscientes de que habíamos adquirido nuevas habilidades para enfrentar cada desafío y poseíamos la capacidad de realizar los ajustes que se requerían para lograr los objetivos. Sin darnos cuenta, habíamos llegado a la *etapa de desempeño*. Cuando finalizó la formación, hicimos un ritual de despedida muy emocionante, en el que nos agradecíamos por todo lo que dimos y recibimos. Definitivamente, no éramos los mismos que cuando iniciamos la formación, habíamos comprendido que, para llegar a ser un equipo, había que dejar de lado nuestras apetencias personales y poner por encima de todo el propósito y el compromiso que hicimos. Habíamos culminado la quinta etapa, conocida como *disolución*.

Ser parte de un equipo exitoso

Ser una persona exitosa se asocia muchas veces a ser alguien que tuvo todo lo que deseaba. Mi concepto de éxito está más ligado a saber que tus acciones se corresponden con tus valores y, en consecuencia, vivir en paz contigo mismo. Cuando nos referimos a un equipo exitoso podríamos tomar como referencia el número de campeonatos ganados en las competencias locales o mundiales. Hago este contexto para presentar la entrevista que realicé a Oscar Ibáñez, un excelente deportista a quien tuve el gusto de conocer y comprobar que detrás de él hay una persona íntegra, un verdadero líder.

Oscar ha sido uno de los arqueros (le llaman portero, o guardameta, en otros países) más destacados de la historia del fútbol peruano. En la década de los 90 e inicios del 2000, jugó para varios equipos profesionales e integró la selección peruana. Lo conocí en una conocida cafetería del distrito de Miraflores, en Lima, allá por el año 2009. Yo recién empezaba a emprender y tenía el sueño de tener mi propia consultora y uno de los servicios iba a estar vinculado a la empresa - deportes, por las similitudes que existen entre ambos. Tuve el atrevimiento de acercarme a su mesa, presentarme y contarle rápidamente sobre mi proyecto, yo aún no tenía mucha experiencia ni trayectoria como consultor de empresas. Él me atendió con humildad y escuchó el sueño que le revelaba, así que quedamos en conversar en otro momento. Le dejé mi tarjeta y me retiré. Desde esa ocasión, a la fecha, hemos mantenido una muy buena relación de amistad y, dada la trayectoria impecable que tiene, lo invité para compartir algo de sus experiencias como líder de equipos. Estoy seguro de que inspirará a muchos que lo conocieron en su faceta deportiva y coincidirán conmigo en que su éxito ha sido fruto de esfuerzo, disciplina y haber sabido aprovechar cada uno de sus aprendizajes.

¿Qué es lo que más valoras de trabajar en equipo?

Trabajar en equipo me dio la oportunidad de aprender de cada integrante, independientemente del área y jerarquía que ocupe, compartir desafíos y tareas. Alcanzar metas en equipo tiene una sensación especial donde todos se sienten parte.

Por eso, a la hora de conformar equipos, hablando de fútbol, es importante elegir bien quiénes van a ser tus referentes durante la temporada y saber qué los motiva y sobre todo asegurarse que estén alineados a tus objetivos.

¿Cuáles han sido las claves de éxito en tu trayectoria como jugador de equipo?

Puedo decirte que mi historia se parece a la de muchos, porque está presente la incertidumbre. Cuando empecé en el deporte, iba a entrenar todos los días tomando dos colectivos y un tren, es decir, pasaba más tiempo viajando que entrenando. Esto fortaleció mi carácter y me ayudó a valorar cada paso que daba. He pasado por todas las etapas de jugador: infantil, juvenil, jugador promesa y profesional. El entender qué lugar ocupamos y qué esperan de nosotros en cada etapa me pareció siempre importante, ya que no siempre te dicen qué esperan de ti, sobre todo cuando estás en la etapa amateur. Desconocer esto puede llevar a frustraciones y abandono.

Contar con una buena preparación es fundamental, independientemente de los recursos con que cuente el club en el que estés y de los compañeros y el entrenador que tengas. No podemos poner como excusa algo como, «me falta esto o aquello», ante la falta de recursos debes buscar la solución o las alternativas que te permitan estar siempre en la mejor condición. Porque cuando llega tu oportunidad tienes que estar preparado.

Interesarme por entender el para qué de cada ejercicio me permitió interiorizar y valorar más cada entrenamiento y a los profesionales que tuve enfrente.

Saber de antemano qué espera el club de ti y cuáles son los objetivos es fundamental. Normalmente, he visto que algunos equipos se comprometen a lograr un título sin contar con los jugadores adecuados y esto genera mucha presión al interior del club.

¿Qué obstáculos has tenido que superar para lograr ser campeón en los equipos donde jugaste?

Siempre soñé jugar en un equipo grande y lo logré. Fui Tricampeón en un grande como Universitario de Deportes, con una hinchada enorme en todo el país, con una infraestructura y logística acorde a un equipo que tiene la obligación de disputar por el título todas las temporadas. Aquí el mayor obstáculo era la impaciencia de la dirigencia al no verte siempre en el primer lugar. Era difícil hacerles entender que también había equipos que se preparaban para lo mismo que tú, incluso con mayor presupuesto y que los torneos, sobre todo los de mi época, eran torneos largos que se definían en la última fecha normalmente. En ocasiones, los lleva a perder la calma y tomar decisiones apresuradas que repercuten en el equipo y su convivencia. Construir un equipo campeón lleva tiempo, pero para desarmarlo basta con solamente con una mala decisión. Por eso es importante contar con referentes que transmitan calma y comuniquen asertivamente a todas las partes.

Caso distinto fue Cienciano de Cusco, un club del interior del país, de los grandes e históricos, pero no contaba con infraestructura y tenía poca logística en esa época. Fue un nuevo comienzo, podría decirse, pero tenía tan claro cuál era mi objetivo y que nada me perturbaría. Ni la escasez, ni altura, ni comenzar de nuevo a los 36 años, edad a la cual normalmente ya eres un exjugador. Quería trascender y sabía que iba al lugar indicado después de pasar por Universitario de Deportes. Más allá de que iba a lidiar con la falta de canchas, de logística y sobre todo de mi familia, ya que mis hijos estaban en el colegio y no quería sacarlos de su normalidad.

Se conformó un grupo prácticamente nuevo con gente de mucha experiencia, otros de mediana experiencia y jóvenes que recién comenzaban su camino. Fue todo un desafío lidiar con la altura y adaptarme a entrenar ante la falta de canchas en espacios no aptos para el fútbol, como en zonas arqueológicas. Es en esos momentos donde los jugadores de mayor experiencia y recorrido sacamos a relucir el liderazgo.

¿Cómo fue tu experiencia de salir campeón de la copa Sudamericana con Cienciano?

Tenía claro a qué dificultades nos enfrentábamos, había que encontrar soluciones, nunca poner excusas ante una necesidad. Era importante crear un vínculo con la gente de Cusco, que era muy exigente, pero a su vez muy afectuosa. Con el entrenador a la cabeza, se conformó un equipo con el cual la gente se sentía representada.

Comenzamos a ganar y en el camino nos encontramos con la clasificación a la Copa Sudamericana 2003, un torneo internacional que nos llegaba a la mayoría en una edad que difícilmente pudiéramos repetir, éramos el patito feo de la competencia. En esa época unos equipos llegaban por clasificación y otros, como Boca Juniors y River Plate, llegaban por invitación, por lo cual nos tocó participar con los mejores equipos del continente.

Un equipo con escaso presupuesto se iba abriendo paso entre los grandes de Sudamérica a partir de un buen fútbol y con unas energías tremendas. Había equipos que jugaban mejor que nosotros, era lógico, ya que contaban con un mayor presupuesto, pero no hubo un solo equipo que haya corrido más que nosotros en toda la competencia.

El vínculo con la gente creció tanto que ya no solamente representábamos a Cusco, sino a todo el país. Manejar esa ansiedad y presión no fue nada fácil, veían en nosotros la posibilidad de mostrar al mundo que en Perú también se puede pensar en grande.

La final fue increíble, ver cómo se trasladaba todo el país a Arequipa, ya sea para ingresar al estadio o darnos su apoyo desde afuera. Recuerdo que jugamos un pobre primer tiempo, ninguno de nosotros había estado en una final internacional, y nos tocó nada menos que ante el poderoso River Plate. En el vestuario, el entrenador Freddy Ternero, hizo algunos ajustes, conversamos entre nosotros, los mayores transmitimos calma y salimos al segundo tiempo mucho mejor, hasta que sufrimos la expulsión de un compañero y otro desafío más que sortear. Convertimos el gol y otra expulsión, era cuestión de apelar al sentido de supervivencia o fuego sagrado que todos llevamos dentro, para aguantar hasta el final y lograr lo que hasta ese entonces parecía imposible. Ver las calles y plaza de armas de cada localidad festejando fue una alegría inmensa.

¿Qué significó ganar la Recopa sudamericana?

En la Recopa, al año siguiente, recuerdo que llegamos en medio de un temporal en Fort Lauderdale, apenas pudimos movernos un poco el día previo. El día del partido no llegó el bus que nos trasladaría al estadio, algo increíble para un equipo que iba a jugar una final sudamericana enfrentando a Boca Juniors, ganador de la Copa Libertadores.

Como solución, fuimos al estadio en distintos carros de hinchas que estaban alentando en la puerta del hotel, recuerdo que llegamos en distintos momentos, algunos compañeros no llegaron entrar en calor y entraron directamente a jugar, de no creer. Pero a esa altura ya éramos un grupo muy maduro que no se quedaba en el problema.

Luego de ir perdiendo logramos empatar en el final del partido y ganamos el título en definición por penales ante un equipo acostumbrado a esas situaciones. Rematamos de forma brillante convirtiendo todos los tiros y yo atajé los penales de Tévez y Vargas. La algarabía duró semanas en todo el Perú. Una vez más, ese grupo de hombres vencía a otro grande del continente.

¿Qué líderes importantes han influido en tu carrera deportiva?

Si bien, tuve varios a lo largo de mi carrera, me quedo con los del comienzo en las etapas de infantil y juvenil, que son las más difíciles, donde la incertidumbre te invade. Y ahí siempre aparecieron los compañeros que también perseguían los mismos sueños, nos alentábamos y compartíamos todo, al día de hoy sigo en contacto con ellos, los entrenadores formadores que confiaron en mí y me apoyaron en los momentos de debilidad. Siempre he buscado aprender de los entrenadores y preparadores físicos que tuve a lo largo de mi carrera.

¿Qué experiencia como parte de un equipo ha sido tu mayor aprendizaje?

Muchas, porque tuve la fortuna de jugar hasta los 41 años, pero tal vez me quede con que no siempre se necesita tener a los mejores. Muchas veces alcanzas grandes metas teniendo un grupo que sabe lo que quiere, con sentido de la oportunidad, con buenos referentes que ayudan a crecer a los más jóvenes y evitando la excusa ante la necesidad, sino más bien buscando soluciones. Yo dejé el fútbol como jugador en el año 2008. Lo que siempre me dije es que cuando me tocara ser entrenador, quería darle al jugador lo que me hubiera gustado recibir cuando yo lo fui. Hablo del respeto, la manera en que me enseñaron, la motivación. Por eso cuando le doy retroalimentación a mi equipo lo hago desde el respeto.

¿Cuáles han sido tus aprendizajes más importantes como parte del comando técnico actual de la selección peruana de fútbol?

Me tocó trabajar con Gareca desde ambos lados. En mi último año como futbolista profesional, fue mi entrenador cuando dirigió a Universitario de Deportes, y hoy, como parte del comando técnico de la selección, sigo aprendiendo de él. Resalto sus valores, la participación que le da todos los componentes involucrándolos y haciéndolos parte del proyecto, la calma en los momentos difíciles, mantener el plan y el mensaje siempre positivo, y el cuidado por la Selección.

¿Cómo definirías un equipo exitoso?

Es aquel que esté compuesto por un entrenador que te inspira, compañeros ambiciosos y que dejen huella por donde pasan, y de referentes positivos que aporten desde el lugar donde les toque, ya sea titular, suplente o fuera de lista, y estén pendientes del aspecto grupal por encima del individual.

Oscar dejó muchos aprendizajes en esta conversación. Sobre todo, rescato la autenticidad en cada una de sus palabras. Sé que es desde ahí que ha logrado convertirse en un deportista ejemplar para muchas generaciones. Hoy vive una etapa de líder, es parte de un comando técnico exitoso, que tiene fidelizado a todo un país que respira el fútbol como parte de nuestra cultura.

¿Cómo convertir a un grupo de personas en un equipo exitoso?

Estuve mucho tiempo tratando de encontrar la mejor definición de equipo. Leí a diversos autores, asistí a varias conferencias y programas que me dieron herramientas para reconocer cuando hablamos de un grupo y de un equipo. Pero, saben algo, una cosa es entender qué es un equipo y otra muy diferente ser parte de él. Lo primero que debemos tener presente es que un equipo se forma para lograr una meta, eso significa que hay alguien del otro lado esperando un resultado, por lo tanto, el tiempo se convierte en una variable esencial. Es como la vida misma, solo cuando tomamos conciencia de que existe un tiempo limitado, empezamos a tomar en serio lo que hacemos. En mi experiencia trabajando como *coach* y facilitador de equipos, me he encontrado con algunas confusiones reiteradas en las empresas. Por ejemplo, se piensa que reunir a un grupo de personas, bajo el mando de un líder, las convierte en equipo. No es así.

El propósito

Cuando hablamos de propósito, es imposible no mencionar a Simon Sinek,[1] quien hace referencia a la importancia de sa-

---

1 Simon Sinek, empieza con el por qué. Cómo los grandes

ber por qué hacemos lo que hacemos. Como bien menciona, las personas no se conectan con lo *que hacemos*, solamente lo hacen cuando reconocen detrás de cualquier declaración, el motivo que mueve a una persona, por ejemplo, a levantarse todos los días para cumplir con sus objetivos. Esto lo aprendí en una de mis formaciones como *coach* de equipos. Estábamos en una dinámica en la que teníamos que desarrollar un proyecto, éramos seis personas, con distintas visiones, valores y cultura, necesitábamos encontrar el *pegamento* que nos uniera, durante una semana. En esa *etapa de formación* a la que ya me he referido anteriormente, empezamos a soltar ideas sobre el propósito que nos unía en ese momento. Una de las participantes comentó que le gustaría trabajar en una herramienta que ayudara a los padres a recuperar a sus hijos a la vida familiar. La mayoría de integrantes éramos padres de familia, así que bastó que hablará sobre cómo hacer para compartir más tiempo con nuestros hijos, que inmediatamente nuestra coherencia cambió, nuestra motivación aumentó. Nunca había visto y sentido algo parecido, fue como si escucháramos la misma música. Esto facilitó que empezáramos a coordinar acciones, a ser parte de un sistema de conversaciones que se empezaba a articular en torno a una meta.

La meta

Los equipos existen porque hay una meta que lograr y dentro de ella hay objetivos, que son como los peldaños de una escalera, que sirven para llegar a dicha meta. El problema aparece cuando un grupo de personas ha sido convocado y no existe una meta específica, medible, retadora y con un plazo de cumplimiento. En una oportunidad fui convocado por una empresa transnacional del rubro automotriz, para ayudar a un grupo de técnicos a participar en un concurso internacional. La meta era lograr que el equipo se ubique entre los tres primeros lu-

---

líderes empiezan a actuar, 1a. ed. 2018, Ediciones Urano S.A.

gares de la competencia. Fue un desafío interesante, dado que las seis personas que conformaban el grupo, no compartían el mismo propósito. No se trataba de darles conocimientos, pues ellos ya lo tenían. Se trataba de desarrollar habilidades específicas para relacionarse dentro de un sistema. Un verdadero *Desafío Adaptativo*.

El sistema

Uno de los aprendizajes más importantes es entender qué significa trabajar dentro de un sistema. Luis Carchak[2] señala que «un sistema no es simplemente una suma de las partes, sino que es una totalidad donde todas interactúan entre sí. Modificar una parte del sistema siempre implica que vas a modificar la totalidad». Cuando Carchak se refiere a sistemas, hace mención a las conversaciones que se generan entre sus integrantes, en donde existen pedidos y ofertas que terminan generando compromisos. En la entrevista que le hice a Oscar Ibáñez, él rescataba su experiencia en el Club Cienciano y cómo jugadores *veteranos* lograron crear un sistema que fue la clave para alcanzar la gloria. Otro aprendizaje que traigo, es que existen algunos líderes que asumen la responsabilidad de dirigir a un equipo y cometen el error de creer conocer el sistema en el que operan. Lo que suele ocurrir es que los cambios que intentamos realizar, encontrarán resistencia, si es que las conversaciones no son efectivas.

Las herramientas clave para trabajar en equipo

¿Te imaginas un juego sin reglas? Perdería sentido sin dudarlo. Para que un equipo empiece a funcionar es necesario

---

2   Carchak, Luis. Coaching de equipo en la práctica (Acción Empresarial). Almuzara. LID, Edición de Kindle.

contar con algunas herramientas. Una vez conocido el propósito, el objetivo y saber que forman parte de un sistema, es necesario entender cuál es la disposición que tienen sus integrantes para el aprendizaje.

Áreas de aprendizaje

Es común ver que existen líderes que asumen que todos tienen la misma predisposición a aprender y eso no es así. Cada persona llega a un equipo siendo un observador particular, por lo tanto, llegan con sus *propios enemigos del aprendizaje*. Por ejemplo, es posible que algunos decidan tener mayor apertura o flexibilidad, otros serán más conservadores. Esto también estará condicionado por el entorno que perciban. Tomando esto en cuenta, te propongo hacer una dinámica como líder, en la que cada uno de los integrantes exprese qué sí está dispuesto a hacer y que no. Esto servirá para entender cómo se les puede ayudar para que eleven su contribución al equipo. Es probable que tengas en tu equipo a alguien que al inicio no desee opinar abiertamente porque cree que puede ser juzgado negativamente, entonces preferirá ser cauteloso al inicio. Sin embargo, conforme percibe que existe respeto por las opiniones, entonces cambiará su creencia y empezará a aportar al resultado del equipo.

Reglas de juego

Otra herramienta esencial es contar con reglas que permitan coordinar acciones y articular las conversaciones. Luis Carchak, quien fue uno de mis mentores en una formación de *coaching* de equipos, plantea algunas preguntas clave para definir las reglas de oro:

- ¿Cómo vamos a escucharnos?
- ¿Cómo haremos pedidos?

- ¿Cómo recibiremos y entregaremos feedback?
- ¿Cómo queremos que nos perciban fuera del equipo?
- ¿Cómo valoramos la diversidad?
- ¿Cómo haremos respetar las reglas?

En la práctica, las reglas me han servido mucho en mis intervenciones como *coach* de equipos. En ese rol mi función es ayudar a que el equipo defina sus reglas y luego las tomo en cuenta para evaluar su comportamiento. Por ejemplo, si un equipo de seis personas decide que la puntualidad es llegar cinco minutos antes de cada reunión y observo que dos de ellos llegan cinco minutos después, lo que haré será darles *feedback* y lanzarles una pregunta. Les diría, «ustedes se comprometieron a llegar puntuales, cinco minutos antes de la reunión, y he observado que dos de ustedes llegaron hoy, cinco minutos después. ¿Qué van a hacer al respecto?». A través de esta pregunta busco generar consciencia sobre el comportamiento del equipo e invitarlos a ajustar lo que haga falta para cumplir con la regla. Todo equipo debe definir sus reglas de oro para ayudar a que el sistema funcione, de otra forma, cada quien actuaría según su criterio y ya se imaginan lo que sucederá respecto al impacto en el clima del equipo. Un detalle importante es que las reglas se pueden modificar si el equipo considera que no aportan valor a su funcionamiento.

Toma de decisiones

Saber cómo decidir es vital para cualquier equipo de trabajo. Ponerse de acuerdo sobre cómo van a tomar decisiones es necesario para no caer en la parálisis o hacer *disparos al aire*. Siempre les recuerdo esto a los equipos que se han formado para lograr resultados, lo que implica que tendrán que decidir de todas maneras, según el escenario que enfrenten. Podrán tomar decisiones:

Por Consenso: donde todos pueden opinar hasta conseguir una sola idea. Este tipo de decisiones ayuda a promover la creatividad y la calidad de las ideas; sin embargo, puede tomar mucho tiempo y afectar el resultado.

Por Votación: La decisión se resuelve por voto, donde la mayoría termina imponiéndose. Este tipo de decisiones es necesaria cuando no existe margen para el consenso por la presión del resultado. Como lo menciona Harvey Robbins y Michael Finley,[3] la desventaja de esta es que deja un sinsabor en algunos, sobre todo en las personas más creativas y talentosas que pueden sentirse rechazadas.

El líder decide: Harvey lo denomina *Dominio autoritario*. En este caso, se trata de una decisión predeterminada, donde no hay espacio para el diálogo.

Como vemos, existen estas y otras alternativas de toma de decisiones, lo importante es que puedan ser acordadas previamente para que el equipo sepa cómo actuar ante cada evento. No se trata de calificarlas como buenas o malas, sino de hacerlas funcionales según la situación que el equipo juzgue más conveniente.

Los Roles

Cuando hablamos de roles me viene a la mente la imagen del líder de equipo tradicional, que se encargaba de hacer de todo un poco para lograr resultados. Algo similar al músico que toca todos los instrumentos a la vez en una plaza pública, pensando más en el dinero que obtendrá, y luego termina agobiado, sin disfrutar del esfuerzo realizado. Lo más preocupante es que, mientras efectúa todas estas actividades, deja de ver el rendimiento del equipo. Muchos creen que por ser el líder le

---

[3] Robbins, Harvey, Por qué fallan los equipos: Los problemas y como corregirlos , 1a ed.- Buenos Aires, Granica 2007

corresponde preparar la agenda, distribuirla, hacer la presentación, el seguimiento y muchas otras cosas más. El líder tiene el rol de velar por el cumplimiento de los objetivos y llegar a la meta, eso quiere decir que, si te eligen como líder puedes establecer otros roles e incluso delegar tu liderazgo. ¿Qué roles se necesitan dentro de un equipo? Aparte del líder, está el *moderador*, que se encarga de motivar a que todos participen, ayuda a la dinámica de la reunión. *El controlador del tiempo*, quien tiene la responsabilidad de cuidar que se cumplan los tiempos establecidos para las intervenciones y la duración de la reunión. *El validador de acuerdos*, quien se encarga de anunciar los acuerdos que se vayan alcanzando y, finalmente, el *consolidador*, quien se hará cargo de resumir el plan de acción y compartirlo con los participantes.

Todas estas herramientas son infaltables en la dinámica de un equipo. Es cierto que nada garantiza que un grupo de personas se convierta en un equipo exitoso; sin embargo, creo que contar con estas herramientas te puede servir para elevar el compromiso y darle una mayor contribución al resultado. Te invito a ponerlas en práctica.

¿Cómo asegurar que el equipo funcione?

A quién no le preocupa que funcione la familia, el grupo o el equipo. Sea cual fuere el contexto, sabemos que trabajando juntos por un mismo objetivo, se consiguen mejores resultados. Uno de los autores que mayor aporte ha generado en estos temas es Patrick Lencioni, quien diseñó un modelo para entender cómo se puede caer en la disfuncionalidad de un equipo de trabajo.[4] No pretendo analizar en profundidad este modelo,

---

4   Lencioni, Patrick. Las cinco disfunciones de un equipo (Narrativa empresarial) (Spanish Edition). Empresa Activa.

pero sí dar a entender cómo puedes aplicarlo en los escenarios donde te toque estar al frente de un equipo. Voy a referirme a la *Confianza, los Conflictos, el Compromiso, la Responsabilidad y el Resultado.*

La confianza es el pegamento que el equipo necesita

Seguro habrás visto esta clásica escena en el ámbito familiar, cuando están compartiendo en la mesa y solo habla el papá o la mamá, te has preguntado, ¿por qué sucede esto? De igual forma, en el trabajo, seguro has estado en una reunión en la que el líder expone y la gente solamente mueve la cabeza en señal de acompañamiento, pero pocos intervienen. Luego, el comentario del líder suele ser: «este grupo no habla, no está comprometido». Lencioni identifica algunos indicadores de *invulnerabilidad*, es decir, cuando las personas deciden no expresar lo que sienten o piensan; si observas que las personas tienen conversaciones ocultas, si lo importante se debate fuera de la reunión o se buscan culpables. Todas estas son señales que revelan ausencia de confianza.

¿Qué estás haciendo como líder para generar confianza en tus relaciones? La confianza es un juicio que hacen las personas sobre el cumplimiento de una promesa, también es un valor esencial que le da sentido a nuestras decisiones. Se construye a partir de la sinceridad, la competencia, la credibilidad y la seguridad, pilares que te permitirán evaluar el grado de confianza que percibes, tanto en ti como en tus relaciones con otras personas. Lo que te recomiendo es que practiques una confianza responsable, que te permita hacerte cargo de las consecuencias. Por ejemplo, si mi hijo me miente, esto no hace que lo descalifique en la sinceridad, primero analizaré como contribuí a que me mienta, luego tendré una conversación con

Edición de Kindle.

él para reparar ese pilar de la confianza. No se trata de etiquetar, es cuestión de indagar y conversar para mejorar. La retroalimentación es una de las claves para resaltar las fortalezas y oportunidades de mejora, para encontrar la complementariedad del grupo.

Los conflictos son una buena señal

Yo era un convencido de que había que evitar los conflictos en la familia y en el trabajo. Con el correr del tiempo, cambié mi punto de vista. Me di cuenta de que cuando *las aguas están calmadas* por mucho tiempo, lo que viene a continuación es un *tsunami*. Lencioni habla de la *armonía artificial*, yo la ilustro como la foto de Facebook al final de una cena o reunión, esa que muestra la mejor imagen, pero que dura solo hasta que se dispara el botón de la cámara. ¿Cómo reconocer el temor al conflicto? Por ejemplo, si ves que en un grupo todos están de acuerdo cada vez que se propone una idea, si empiezas a identificar subgrupos, conversaciones paralelas o incluso pugnas por el poder. Estas son señales de que el equipo siente temor al conflicto. Por eso, si es que no hemos logrado construir una relación de confianza, difícilmente las personas tendrán apertura para exponer sus puntos de vista. Aquí se necesita ser duro con el problema y suave con las personas. Es necesario encontrar lo que existe debajo de cada comportamiento y diseñar la conversación que nos lleve al mismo objetivo. Yo pienso que los conflictos serán productivos en la medida en que generen aprendizajes colectivos y luego sirvan para responder con mayor efectividad a nuevos desafíos.

¿Qué hacer para obtener el compromiso del equipo de trabajo?

En el capítulo La ruta hacia el compromiso ya expliqué con más detalle cómo, a través de las conversaciones para la acción, se puede evitar caer en la ambigüedad. Si eres líder de un equipo, pon mucho cuidado en la manera como pides y ofreces, ese es el punto de inicio para lograr el compromiso. He visto a algunos líderes pedir a su equipo de muchas formas, desde los que dicen *porfavorcito*, hasta los que dan *órdenes*. Hay otros que temen ser específicos y camuflan sus pedidos con generalidades, por ejemplo, «necesito que te comprometas con el equipo». Si mi jefe me dijera algo así, me quedaría con la duda de saber qué significa compromiso para él. Así que mejor indagaría para entender qué necesita de mí. En otras palabras, mucho cuidado con el detalle, mejor saber *qué, cómo, cuándo, dónde y por qué*, antes de aceptar un pedido. Asegúrate de hacer seguimiento a las fechas. En mi experiencia, la responsabilidad de obtener el compromiso es compartida tanto por el que pide como el que lo ejecuta.

¿Cómo hacer responsables a los integrantes de un equipo?

Cuando una persona forma parte de un equipo y se compromete a lograr los objetivos, los demás integrantes esperan que esa declaración se convierta en acción y en resultados positivos. Sin embargo, cuando dicha persona no cumple, sin duda afectará a todo el equipo. En mis intervenciones como consultor en las empresas, he percibido que cuando alguien no cumple su tarea, los demás integrantes no le piden cuentas. Cuando le he preguntado a uno de ellos por qué no lo hace, me respondió, «eso le corresponde el jefe, yo qué puedo hacer». Esa respuesta me dice mucho de la poca consciencia que existe sobre el impacto del incumplimiento de una promesa. Patrick Lencioni señala como indicadores de *evitar responsabilidades* a la falta de seguimiento de las promesas, la tolerancia y justificación del incumplimiento y, como *cereza del pastel*, asumir una actitud de víctima cuando se les pide cuentas por sus acciones.

¿Qué pasa con el resultado?

Luego de transitar por los niveles previos que plantea Patrick Lencioni, si el equipo ha tomado acciones para mejorar, todo esto debería conducir a un resultado eficaz para el equipo. Pero, ¿qué podría fallar? Las personas sabemos que debemos valorarnos, pero cuando se torna excesiva, aparece el ego. En un equipo cada uno de sus integrantes debe aportar lo mejor que tiene, con su propio estilo, saber regular sus emociones y alinearse a los valores establecidos. El problema surge cuando, en lugar de trabajar por una meta colectiva, se prioriza la meta individual. La mayoría de equipos que ha logrado éxito, ha conseguido brillar por la suma de esfuerzos, no por contar con una *estrella*, que tarde o temprano terminará apagándose. Esto lo he visto en los equipos comerciales, por ejemplo, cuando se premia al vendedor del mes y luego todos alistan los dardos para bajarlo del pedestal. Lo que recomiendo es alinear las acciones en favor del resultado, que todos sepan lo que se desea lograr y recompensar si se logra el objetivo.

Como habrás podido apreciar, para lograr un equipo de éxito, se necesita más que buenas intenciones. No se trata de aprenderse un libreto y seguir sus instrucciones al pie de la letra, trabajar en equipo implica tener la capacidad de articular todas las capacidades de sus integrantes, despojarse de intereses personales, alinear valores y compromisos en pos de un mismo resultado. Basta con observar cómo celebran los equipos cuando logran la meta, es el momento de la recompensa por haber dejado todo. Te animo a poner en práctica todo lo que me ha funcionado en cada uno de mis equipos de éxito.

En este capítulo reflexionamos sobre:

- Cómo transformar a un grupo de personas en un equipo exitoso.
- Herramientas clave para trabajar en equipo.
- El funcionamiento del equipo.

Hasta aquí hemos visto todo lo que implica transitar el camino del liderazgo. Todas las historias contadas, cada uno de los conceptos y herramientas que has encontrado en los capítulos, te serán de utilidad no solo para tu vida profesional, sino también para que fortalezcas tus capacidades personales. En el capítulo final voy a integrar todos estos conceptos en un modelo sencillo, pero práctico, de tal manera que lo emplees en tu rol de líder, sea cual fuere el contexto en el que te encuentres.

ACTIVA EL *SWITCH* 8

«No llegué allí, deseándolo o esperándolo, sino trabajando para ello».

-Estée Lauder

Si has llegado hasta aquí, posiblemente tienes nuevas distinciones y quizá algunas dudas sobre su aplicación. Mientras escribía cada uno de los capítulos, en el escritorio de mi departamento, escuchando una melodía inspiradora, me iba imaginando los rostros de los lectores, los gestos que harían al contrastar estos conceptos con su realidad. Sin ánimo de controlar lo que a cada uno le provoque, por supuesto.

Este capítulo final tiene como propósito darle una aplicación práctica al modelo. Pero, ¿por qué *Switch*? Le puse ese nombre porque varias razones, una de ellas es porque me motiva saber que podrás elegir responsablemente activar tu *modo consciente*, mediante los conceptos y herramientas que he compartido, y convertirte en el líder que quieres ser. Otro motivo es que los líderes están asociados a los cambios y todas estas habilidades trabajan para gestionar los cambios. Finalmente, recordé que, en mi época de jugador de baloncesto, tuve un entrenador norteamericano, que gritaba ¡*Switch*!, cada vez que perdíamos la marca en la defensa. Esa era la señal de resiliencia para reponerte con energía y evitar perjudicar al equipo. Entonces, por qué no usar la metáfora *Switch* para hacernos conscientes de nuestras capacidades y ponerlas al servicio de cada desafío. Me ha llevado quince años crear este modelo, aplicándolo en muchas organizaciones. También me ha funcionado en el ámbito familiar, durante estos treinta años junto a mi esposa. En este proceso natural de madurez, el modelo ha sido valioso para ejercer con mayor efectividad los roles de papá y mamá con nuestros hijos. Es por ello que decidí darle mayor alcance y no limitarlo solo al ámbito empresarial.

El modelo Switch del Líder

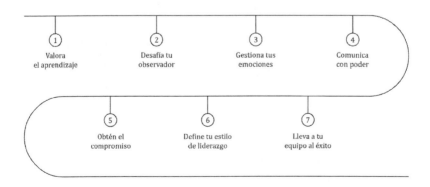

Descripción del modelo

El *Switch del líder* incluye siete etapas y se puede activar de manera situacional, es decir, según las circunstancias y las personas con las que te relaciones. Desde que nos levantamos, ya nos esperan distintos desafíos, muchos de los cuales no son elegidos por nosotros; sin embargo, tendrás que activar cada aprendizaje y emplear las herramientas que requieras para conseguirlo. Voy a hacer un breve repaso sobre cómo te puede ayudar a empoderarte y con ello motivar y comprometer a tus equipos.

Etapas	Acciones	Herramientas
Valora el aprendizaje	Reconoce los niveles de incompetencia e inconsciencia que se revelan en cada una de tus acciones. Define tus objetivos y traza la ruta del aprendizaje.	La ruta del aprendizaje. Los roles del aprendizaje.
Desafía tu observador	Deja de lado la certeza de que las cosas son como las ves. Solo puedes interpretar la realidad desde tus modelos mentales (biología, lenguaje, cultura, historia personal).	El observador y el aprendizaje transformacional.

Etapas	Acciones	Herramientas
Gestiona tus emociones	Acepta cada una de tus emociones, deja que cumplan su función. Aprende a regular su nivel de intensidad para expresarlas. Reconoce las emociones de tu interlocutor, busca entender qué siente y qué piensa, para comprenderlo. Emplea tus habilidades de comunicación para conectar con los equipos.	Consciencia emocional. El semáforo emocional.
Comunica con poder	Eleva la calidad de tus conversaciones. Ahora tienes la posibilidad de utilizar un lenguaje reactivo (afirmaciones y juicios) y otro más proactivo (declaraciones, pedidos, ofertas, promesas).	Los actos lingüísticos. El modelo ontológico de comunicación.
Obtén el compromiso	Adquiere mayor efectividad coordinando acciones basadas en la confianza.	Las conversaciones para la acción. El ciclo de coordinación de acciones.

Etapas	Acciones	Herramientas
Define tu estilo de liderazgo	Acompaña a tu equipo en los diversos desafíos que enfrenten. Según el tipo de observador, podrás definir el estilo más apropiado para liderar a tu equipo de trabajo.	La matriz del observador. Los estilos de liderazgo asociados al tipo de observador. El liderazgo situacional de Ken Blanchard. La consciencia y su contribución al éxito.
Lleva a tu equipo al éxito	Gestiona el sistema, identifica cada una de las fases por la que atraviesa el equipo. Ahora tienes herramientas para medir la funcionalidad del equipo. Diseña las acciones que los conduzcan hacia el éxito.	Herramientas clave para trabajar en equipo. El funcionamiento del equipo.

El Switch del Líder en el trabajo

Las empresas tienen que enfrentar los cambios permanentes del mercado y para ello es necesario adoptar una serie de estrategias que se pongan en marcha a través de las personas. Uno de los aspectos más frecuentes que impiden llevar a cabo dichas estrategias tiene que ver con la falta de empoderamiento por parte de los líderes, que no logran motivar a sus equipos para comprometerse con las metas de la organización. En mi experiencia profesional, he identificado la necesidad de fortalecer las competencias de gestión en las personas, porque es ahí donde se genera la brecha de efectividad.

Así como he observado empresas que cuentan con un plan de capacitación alineado a los objetivos estratégicos y un presupuesto a la medida, existe también falta de conocimiento acerca de la importancia de desarrollar estas habilidades. En mis visitas a algunas áreas de talento humano, he tenido conversaciones con los responsables del área y he encontrado desde, Gerentes que priorizan el resultado para cumplir con sus KPI, hasta los que me solicitan un evento de integración que *cure todas las heridas* y que no exceda su presupuesto. También me he reunido con Gerentes generales de empresas, que dicen «felizmente todo está bien por acá, hemos logrado que las personas trabajen sin problemas, nadie se queja»; señal inequívoca de que, *debajo de la alfombra* se está incubando algo que terminará oliendo mal. No faltan también los requerimientos del sector público donde el responsable te contacta y te dice que necesitan una propuesta para el siguiente día. Adicionalmente, lo primero que te dicen es que no tienen mucho presupuesto, pero que deben cumplir con su plan anual de capacitación.

Todas estas situaciones que he vivido como consultor, se han convertido en motivaciones para ofrecer un servicio que contribuya a crear consciencia, ya que no solo se capacita en desarrollo de habilidades para cumplir con un indicador o una tarea. Mi propósito es que ese líder también lo sea en su familia, que influya positivamente en su comunidad y en su entorno en general. Me pregunto si los responsables de talento humano tienen presente esa motivación trascendente que nos distingue como seres humanos. Con el tiempo he aprendido a ser consecuente con mi propósito y a no dejarme seducir por los *cantos de sirena* que suenan atractivos económicamente. Por ejemplo, me han propuesto en ocasiones contratar mis servicios de *coaching* para que les diga qué líder debe seguir y a quién se debe desvincular, es decir, convertirme en el verdugo, algo que está reñido con la ética del *coaching*.

Quiénes pueden activar el *Switch*

Todos los líderes poseen fortalezas y oportunidades de mejora. Mi intención es evidenciar algunos comportamientos recurrentes que he observado a lo largo de mis intervenciones en empresas que podrían potenciarse activando el Switch:

- Personas que han sido promovidas a jefes, con buen nivel técnico, pero que se caracterizan por tener actitudes inconscientes con su equipo de trabajo. (*Valora el aprendizaje*)
- Jefes que prejuzgan a sus colaboradores, con poca apertura para entender sus puntos de vista. (*Desafía tu observador*)
- Responsables de área con bajo control emocional, que ordenan y utilizan su poder para obtener obediencia a costa del temor y la represalia. (*Gestiona tus emociones*)
- Líderes con baja asertividad en su comunicación, que emplean opiniones tóxicas, poseen escucha parcial, no practican la retroalimentación ni el reconocimiento. (*Comunica con poder*)
- Jefes que se quejan todo el tiempo por el incumplimiento de las tareas de sus colaboradores, con bajo nivel de confianza en el equipo. (*Obtén el compromiso*)
- Jefes que se pasan el tiempo buscando culpables ante cualquier error, que no asumen su responsabilidad y poseen un mismo estilo de liderazgo ante cualquier situación. (*Define tu estilo de liderazgo*)

- Líderes cuyos equipos tienen baja productividad y poco compromiso con la meta. (*Lleva tu equipo al éxito*)

El *Switch* del Líder en casa

Desde pequeño aprendí con el ejemplo de mi padre, él fue inspiración para muchas de las cosas que he logrado en la vida. Cuando hago la pregunta: «¿A qué líderes admiras?», la mayoría busca personajes reconocidos que son dignos de admiración, pero pocos caen en cuenta de que los líderes más importantes han estado cerca de nosotros. Por ejemplo, en la familia siempre ha habido un familiar que influyó para que aprendas a practicar un deporte, o a tocar un instrumento. Yo aprendí a cantar y tocar la guitarra por un tío que vivía con nosotros y lo recuerdo con mucho cariño.

Este modelo lo diseñé pensando no solo en los líderes que están en las empresas, sino también en aquellos que tarde o temprano retornan a casa para integrarse a la familia. Reflexionaba sobre los test de perfil conductual que utilizo en mis sesiones de *coaching*, ellos muestran gráficos que describen cómo eres en casa y cómo te comportas en el trabajo, para ponerlo en términos sencillos. Por lo general, solemos modificar nuestro comportamiento porque creemos que para alcanzar el éxito necesitamos estar más orientados a las personas, o quizá ser más cuidadosos en las decisiones que tomamos. La interrogante que me surge es: ¿Cómo lograr que el liderazgo alcance para convivir en ambos escenarios?

Recuerdo, hace muchos años, cuando retornaba del trabajo a casa, habiendo tenido un *día difícil*, me costaba mucho sobreponerme y encarnar el rol de esposo o de papá. Solía abrumarme, me estresaba y no me daba el espacio para compartir con mis hijos, que eran pequeños todavía. En esos años desconocía cómo funcionaba la inteligencia emocional o cómo diseñar una conversación efectiva. Lo que busco también con el *Switch*, es que tengas las opciones que yo no tuve en su momento, porque el tiempo sigue su marcha y no espera. Lo ideal es que podamos encontrar el equilibrio para liderar en el trabajo y en la familia.

¿Cómo activarlo?

Si eres líder de familia, observa las reacciones que ocurren cada vez que llegas a casa. Por ejemplo, cuando saludas, la forma en que escuchas, o cuando pides algo. Recuerda que las actitudes inconscientes generan sufrimiento en nosotros y en los otros. (*Valora el aprendizaje*)

Cuando estés conversando en familia, evita juzgar sin haber indagado previamente. Recuerda que lo que escuchas es solo el punto de vista de ellos. De igual forma, aplícalo cuando quieras expresar lo que piensas. Lo mejor que podría pasar es que lleguen a un acuerdo o vean la realidad de manera distinta. (*Desafía tu observador*)

Antes de llegar a casa, respira profundamente tres veces antes de cruzar el umbral de la puerta, reflexiona que nada de lo que te ocurrió merece que afecte a la familia. Reconoce si llegas enojado, busca pensamientos positivos, recuerda lo mejor que te ha pasado con tu familia. Antes de hablar, escucha y comprende qué les puede estar ocurriendo, aun cuando no estés de acuerdo. (*Gestiona tus emociones*)

Las conversaciones en familia deben tener un propósito. Intenta exponer tus ideas sustentando con hechos o ejemplos. Indaga antes de juzgar lo que no entiendes. (*Comunica con poder*)

Si deseas cambiar algo en la relación familiar, a través de las conversaciones, realiza un contexto previo, que permita conocer tu preocupación. Puedes pedir u ofrecer algo que no está ocurriendo, siendo específico (*qué, cómo, cuándo, dónde y por qué*). Haz promesas que puedas cumplir para cuidar la confianza, haz seguimiento a los compromisos. Finalmente, evalúa el impacto sobre la satisfacción. (*Obtén el compromiso*)

Si ejerces el rol de papá o mamá, recuerda que lo que hagas o no hagas tiene un impacto en la familia. Como líder, puedes compartir tu visión, inspirarlos, crear relaciones de confianza, motivarlos al aprendizaje, apoyarlos emocionalmente, empoderarlos. (*Define tu estilo de liderazgo*)

Como líder de familia, promueve el espíritu del trabajo en equipo, asigna roles, tareas, genera responsabilidades en tus hijos, retroalimenta, reconoce el esfuerzo. (*Lleva tu equipo al éxito*)

Activar o no el *Switch del líder,* es una decisión personal, nadie tiene el poder para cambiar a una persona, solo tú sabes dónde se encuentra. Lo que te puedo pedir es que tomes en cuenta esa capacidad de reflexión que existe entre el estímulo y la acción, para que elijas conscientemente en línea con tus valores.

Todo lo que te he propuesto en este capítulo ha sido producto de mis aprendizajes. No son recetas mágicas que te harán cambiar de la noche a la mañana, requiere cuotas de esfuerzo, disciplina y motivación para alcanzar tus sueños. Podría decir que, si hubiera tenido esta información hace veinte años, quizá muchas cosas serían distintas; sin embargo, soy consciente de que la madurez es un proceso natural que no se debe forzar. Como bien dicen, «todo lo que nos ocurre en la vida es lo que necesitamos para crecer como persona». Finalmente, te dejo estas preguntas: ¿Qué comportamientos vas a evitar hacer?

¿Qué aprendizajes vas a incorporar a tu vida? ¿Qué comportamientos vas a mantener en tu vida?

En este capítulo reflexionamos sobre:

- Cómo integrar en un modelo todas las habilidades que forman parte del *Switch del Líder*, distinguiendo las acciones y herramientas que podrías utilizar en cualquier situación que enfrentes.

- Cómo aplicar el *Switch del líder* en el ámbito profesional y familia.

ESTIMADO LECTOR

«Cuando estás agradecido, el miedo desaparece y aparece la abundancia».

-Tony Robbins

Muchas gracias por haber llegado al final de este libro. Deseo de corazón que todo este aprendizaje que he compartido contigo lo lleves a la práctica en cada una de tus interacciones. Creo que no hay nada más valioso que darte cuenta de que tus acciones pueden agregar valor a otras personas. Tienes la gran oportunidad de tomar el control y encender o apagar el **Switch del líder**, cuando la situación lo requiera. Tú eres la única persona que sabe dónde ubicarlo, por lo tanto, tienes el poder en tus manos para ayudar a tus equipos y a otros que quizás ignoren que tenemos esa capacidad de trascender con nuestros actos.

Para finalizar, quiero invitarte a que dejes tus comentarios en la plataforma de Amazon, esto permitirá que otras personas puedan ser parte de este aprendizaje.

Puedes contactarme directamente en hola@martinalcandre.com estaré encantado de responderte

Puedes seguirme en estas redes sociales:

LinkedIn

www.linkedin.com/in/malcandre

Fan Page:

https://www.facebook.com/malcandre

AGRADECIMIENTOS

Los sueños pueden ser maravillosos, pero convertirlos en objetivos y metas es mucho más productivo. Después de haber escrito este libro, puedo afirmar que dar ese paso me ha generado un sentimiento liberador y mayor autoconfianza. Esta idea de compartir algunas de mis experiencias y conocimientos no hubiera sido posible sin la ayuda de las personas que han sido parte de todos estos aprendizajes.

Empiezo por agradecer a todos los jefes que tuve en las diferentes empresas donde laboré, sin ellos no tendría historias para contar ni estilos que referenciar. Todos los líderes que aparecen en las anécdotas descritas, fueron inspiración para este libro.

Gracias a Rodrigo Pacheco «Roco» por haber aceptado escribir el prólogo. Como te dije personalmente, decidí elegirte por la admiración que tengo por tu calidad de persona y por tu excelencia profesional. Gracias por permitirme aprender nuevas distinciones en el *coaching* y reconocer la importancia del cuerpo y las emociones en las relaciones humanas.

A mis maestros del *Coaching*, Julio Olalla, por su maestría en el manejo de las emociones. A Bob Dunham, por sus aportes a través del liderazgo generativo. Gracias a Ivonne Hidalgo, que en paz descanse, por su maravillosa visión sobre las distinciones del *coaching ontológico* y su gran contribución a las organizaciones. A Fredy Kofman y su gran aporte con sus modelos de la empresa consciente. Todos ustedes han sido muy importantes para agregar valor a este libro, desde la mirada del *coaching*.

Un agradecimiento especial a Oscar Ibáñez, por acompañarme en el capítulo *Lleva tu equipo al éxito*. Todas sus experiencias, desde el mundo del deporte, han sido muy ilustrativas para entender la importancia que tiene el líder en la vida de las personas.

Igualmente, a Anderson Vásquez por aceptar compartir su trayectoria en el mundo empresarial en el capítulo *Define tu estilo de liderazgo* y darle motivos suficientes a los líderes que aún se atreven a emprender.

Quiero agradecer a Marcel Verand por su excelente labor como mentor en este proceso. Gracias por contactarme y

encender la chispa que me llevó a hacer realidad el sueño de escribir mi primer libro. A David Manangón, por su extraordinario trabajo en la edición de este libro, cada una de las reuniones que tuvimos fueron grandes aportes para darle mayor sentido a cada capítulo. Gracias a Marco Pérez por el magnífico trabajo en el diseño de portada, ¡quedó estupendo!

Un agradecimiento a los miles de ejecutivos de las empresas donde he compartido mis conocimientos y experiencias. Sin ustedes tendría poco sentido haber escrito este libro. Espero que durante su lectura hayan recordado todo lo que significaron las horas de aprendizaje y los resultados que ahora tienen en su gestión como líderes.

Quiero agradecer a todos los lectores que se han tomado el tiempo de acompañarme a través de cada capítulo, deseo que obtengan los mejores resultados en la aplicación del modelo y sientan que tienen nuevas posibilidades de acción para conseguir sus metas.

Gracias a Daniela Benavente por su valioso aporte en las gráficas y en la asesoría sobre diseño. A mis amigos cercanos, quienes estuvieron pendientes de los avances y me hicieron llegar sus sugerencias; las tomé en cuenta. A todas las personas con las que comparto las Redes sociales, ustedes me motivaron mucho a seguir hasta el final.

Finalmente, quiero agradecer a mi esposa Silvia, por la paciencia que tuvo para entender lo que significaba para mí escribir este libro. Treinta años juntos no alcanzan para expresarte cuánto te amo, eres la razón que me impulsa a lograr cada desafío. A mis hijos, Jean Pierre y Jean Paul, por el feedback que me dieron siempre, pensando en el éxito de este libro, los amo y saben que estaré cerca cada vez que lo necesiten. A mis padres, Germán y Ana Luisa, que a pesar de que partieron antes de este mundo, me dieron mucha fuerza para escribir y perseverar. Sé que estarán orgullosos por este logro.

ACERCA DEL AUTOR

Martín Alcandré es economista de profesión. Laboró cerca de quince años en empresas del rubro industrial, servicios y finanzas, hasta que decidió emprender como consultor. Es Máster en Recursos Humanos y Gestión del conocimiento por la Universidad Politécnica de Cataluña de España.

Ingresó al mundo de la facilitación experiencial en Gerza de México y Ernesto Yturralde. Ha sido ponente en Congresos internacionales de educación experiencial en México, Colombia y Venezuela. Es facilitador certificado en Lego, Serious Play, TetraMap, Open Cards y Design Thinking.

Se formó en las escuelas más representativas del coaching ontológico, ejecutivo y de equipos, como Newfield Network, CBC, Escuela Europea de Coaching y Fundación Quantum de Argentina. Ha tenido como maestros a Julio Olalla, Rodrigo Pacheco, Fred Kofman, Bob Dunham, Ivonne Hidalgo, Silvia Guarnieri, Carolina Lopasso, entre otros.

Actualmente, se desempeña como consultor, *coach* y conferencista. Desde hace quince años ha acompañado a muchos líderes a través de programas y procesos de *coaching*.

Puedes encontrar mayor información sobre su trayectoria profesional en:

www.martinalcandre.com

SERVICIOS PROFESIONALES

Martín Alcandré emprendió en el año 2007. Inició con la consultora *Methics*, luego fundó *Erathis Gestión & Talento*. Desde el 2019 trabaja con su propia marca personal, *Martin Alcandré - Liderazgo en Acción*.

Servicios:

Programas de habilidades blandas.

Alineados a las necesidades de las empresas. Ayuda a los participantes a fortalecer las competencias que requieren con mayor profundidad.

Talleres:

Están diseñados para potenciar en corto tiempo las habilidades específicas de los equipos, fortaleciendo la toma de decisiones, la productividad y el clima laboral.

- Liderazgo para supervisores
- Comunicación efectiva
- Trabajo en equipo
- Gestión del cambio
- Planificación y organización del tiempo
- *Design Thinking*
- Diagnóstico y diseño de cultura organizacional
- Presentaciones de alto impacto
- *Team building*
- Procesos
- *Coaching* ejecutivo
- *Coaching* de equipos
- *Mentoring*

El modelo *Switch* ha sido diseñando para desarrollar las habilidades de gestión de personas y de líderes de organizaciones. Sobre esta base, ha creado el programa **El Switch del Líder,** dirigido a personas que tienen a su cargo equipos de trabajo y requieren potenciar sus competencias de liderazgo. El programa posee una estructura que incluye un diagnóstico de perfil conductual individual y de equipo, que luego sirve de base para alinear al diseño con los objetivos de cada organización. La ruta es codiseñada con las áreas de Talento Humano. **El Switch del Líder** permite que los líderes se empoderen a partir de los conocimientos y herramientas que adquieren en cada una de las competencias. Los líderes que terminan el programa viven una experiencia única y logran aplicar rápidamente sus nuevas habilidades. Martín Alcandré, mediante su experiencia en el mundo organizacional, ha logrado traducir las necesidades que tienen las áreas de talento humano en aprendizajes, que terminan impactando positivamente en el clima laboral de las empresas.

CONFERENCIAS

Martín Alcandré ofrece conferencias sobre temas relacionados con el desarrollo de habilidades y competencias para líderes de organizaciones. A través del modelo **Switch del Líder**, recorre las siete habilidades esenciales para empoderarse, motivar y comprometer a los equipos de trabajo. Para obtener mayor información a acerca de sus conferencias puedes ingresar a:

www.martinalcandre.com

El Switch del Líder
© *Martín Alcandré*
2022

Made in the USA
Columbia, SC
25 October 2023

24929173R00105